CONSTRUCCIÓN DE TERRAZAS

CREATIVE PUBLISHING international

CHANHASSEN, MINNESOTA

www.creativepub.com

Contenido

Copyright © 1992, 2002
Creative Publishing international, Inc.
18705 Lake Drive East
Chanhassen, Minnesota 55317
1-800-328-3895
www.creativepub.com
All rights reserved

Printed on American paper by:
R.R. Donnelley
10 9 8 7 6 5 4 3 2 1

President/CEO: Michael Eleftheriou
Vice President/Publisher: Linda Ball
Vice President/Retail Sales & Marketing: Kevin Haas

Conocimientos básicos sobre terrazas............. 13

Diseño y planeación........................... 33

Acabado y reparación de la terraza............... 117

Versión en español:
JOSE ALVAREZ QUIROZ

La presentación y disposición en conjunto de
Construcción de Terrazas

Versión autorizada en español de la obra publicada en inglés por
Creative Publishing international con el título de
BUILDING DECKS
©1990 por Creative Publishing international, Inc.
ISBN 0-86573-709-6 (pbk)

Library of Congress
Cataloging-in-Publication Data
(Information on file)

ISBN 1-58923-099-X

Introducción

La construcción de una terraza de madera es uno de los proyectos que tienen más aceptación entre los conocidos como ''hágalo usted mismo''. Una terraza añade valor a la casa y crea un espacio adicional para tomar el sol, para celebrar reuniones o simplemente para tomar el fresco. Con un poco de habilidad para hacer trabajos de carpintería y un conocimiento básico de las herramientas adecuadas, cualquier dueño de casa puede construir una terraza que tenga belleza y que dure por mucho tiempo.

Este libro está diseñado para proporcionar información sobre las habilidades y conocimiento necesarios para planear, construir y terminar una plataforma. Contiene cientos de fotografías de acercamientos a todo color que ilustran cada uno de los detalles en el proceso de construcción y garantizan que se tendrá éxito en el proyecto.

A esta introducción le siguen seis páginas de fotografías que muestran terrazas ya terminadas. Cada terraza es única en su tipo y ofrece ideas sobre el tamaño, forma y trabajo que se desee emprender.

Después de esta selección de ideas sobre la construcción de terrazas, está el capítulo sobre conocimientos básicos, que enseña qué herramientas, tornillos, materiales y terminología necesita para la construcción de terrazas. Se aprende por qué las escaleras, los barandales y el dibujo del entablado influyen en la forma en que se construye la terraza.

Con este conocimiento básico se está en condiciones de diseñar la terraza que se desea construir. El siguiente capítulo, Diseño y planeación, incluye instrucciones paso por paso y cómo dibujar planos del sitio de la obra, así como la forma de utilizar los planos para crear el diseño de una terraza terminada. Finalmente, se utiliza el diseño de la terraza para calcular la cantidad de madera y materiales que se necesitan para realizar el trabajo.

El capítulo tres, Construcción de terrazas, es uno de los manuales más completos que se han publicado hasta la fecha sobre la construcción de terrazas. Más de 175 fotografías a color muestran la construcción de la terraza en cada una de sus etapas, desde la instalación de los largueros y la colocación de las bases de cimentación hasta los toques finales para construir el barandal de la terraza. La atención dada a cada uno de los detalles asegura el éxito del proyecto.

Enseguida se pueden ver tres diferentes terrazas a escala natural que prácticamente se construyen ante sus ojos. Cada proyecto se ha dividido en ocho diferentes etapas y en cada uno de estos proyectos tienen una vista de primera fila. Se obtiene así un conocimiento completo de la construcción y a veces los diferentes estilos de plataforma y la forma que esos estilos determinan el dibujo del piso.

La última sección, Acabado y reparación de plataformas, muestra la forma en que se debe cuidar la plataforma, cómo protegerla de los elementos y cómo mantenerla hermosa. Además, también se enseña cómo reparar una plataforma vieja de manera que se pueda disfrutar de ella por muchos años más. Nos complace presentarle esta obra, ya que estamos seguros que estará de acuerdo con nosotros en que es un excelente libro que vendrá a enriquecer su colección de la Biblioteca para hacer mejoras en el hogar.

Fotografía de Blakesse-Lane, cortesía de P & M Cedar Products, Inc.

Estilos de Terrazas

Una terraza es una extensión del espacio en que se vive. Permite disfrutar del aire fresco y de las actividades fuera de la casa con comodidad y seguridad. Una terraza bien construida es fuerte, a prueba de intemperie y dura por muchos años.

La planeación de la terraza se debe hacer teniendo en mente la localización de la casa y el paisaje que la rodea. Hay muchos factores que considerar para planear la forma, tamaño y lugar de una terraza. Algunas de sus características llegarán a tener más importancia que las otras. Tenga en cuenta estas características durante el diseño y construcción de la terraza.

El estudio de las fotografías que aparecen en las páginas siguientes sirve para ver cómo han planeado y construido sus terrazas otros dueños de casa para adaptarlas a sus circunstancias únicas.

Esta terraza de niveles múltiples (arriba) sigue el contorno del terreno. Aprovecha los desniveles que de otra manera tendrían muy poco uso.

Las áreas de vistas (derecha) son consideraciones importantes para planear la terraza. Ofrece una línea visual abierta y sin límites del panorama.

Una terraza de un solo nivel es fácil de construir. La puerta de la cocina ofrece un acceso fácil para hacer reuniones o preparar una barbacoa. Las características adicionales incluyen bancas y un enrejado arriba que ofrece una sombra para el sol de medio día.

Utilice los árboles como elementos de diseño. Esta terraza del medio oeste está construida alrededor de varios robles. En lugar de considerarlos un impedimento en su diseño o en pensar en quitar los árboles, el dueño hizo marcos en la cubierta.

Fotografía de George Lyons

Las áreas para reuniones enmarcan en esta terraza de buen diseño, que incluye un foso para fogatas, una tina de agua caliente, un columpio y una vista del atardecer hacia el oeste.

Las terrazas en climas calientes permiten que se usen todo el año. Esta terraza en California incluye un área techada grande para abrigo durante la temporada de lluvias y un gabinete para preparar adecuadamente la comida.

Una plataforma llena de sol con escaleras tiene una superficie ancha y sin obstrucciones. Esta terraza fue diseñada tomando en cuenta el paisaje que la rodeaba. El patio trasero le da una vista sin obstáculos de la campiña.

Una terraza de plataforma es ideal en un terreno plano y a nivel. Es fácil de construir y debido a su poca altura, no requiere barandales. Las características de esta terraza son jardineras, bancas y acceso a un pórtico de tres estaciones.

Fotografía de George Lyons

El interés visual se puede crear en una terraza pequeña con jardineras, un techo volado y diferentes cambios de nivel. La variedad en el patrón de dibujo en las cubiertas añade textura.

Fotografía de George Lyons

Gane intimidad con una cerca de enrejado y un paisaje bien planeado. En esta terraza se aprovechan los árboles y los arbustos circundantes.

10

Fotografía de George Lyons

Terrazas de usos múltiples (arriba y a la derecha) que se diseñan teniendo en mente una gran variedad de necesidades. Incluyen áreas para comer, para tomar el sol, para conversar y como acceso a las piscinas. Los diferentes niveles ayudan a definir cada una de las áreas.

Esta terraza separada (abajo) utiliza un diseño de plataforma y azulejos de cerámica. Sus características incluyen un área para preparar alimentos, una tina de agua caliente, una cerca, faroles, bancas y unas jardineras.

Conocimientos básicos
sobre terrazas

Partes de una terraza

Las partes de la estructura de una terraza incluyen postes, vigas, travesaños y trabes. Estas partes cargan y distribuyen el peso de la terraza. Para que la terraza sea económica y durable, se debe utilizar madera tratada a presión en estas partes. El resto de las partes de la terraza incluye la tarima, la madera del frente, los barandales y la escalera. Utilice pino rojo o cedro para la madera que queda a la vista en la terraza.

Travesaños. Su función es anclar la terraza a la casa. Éstos sirven de soporte a los extremos de todos los tablones o vigas.

Postes de concreto. Este poste de cimentación junto con el poste ancla soporta el peso de la terraza y mantiene los postes de la terraza en su lugar. Se hacen vaciando concreto en un tubo de la medida adecuada. El clima de la localidad y los códigos de construcción se toman en cuenta para determinar la profundidad de la cimentación. Los postes ancla deben estar hechos de acero galvanizado para que resistan la corrosión.

Postes. Son columnas que transfieren el peso de la terraza hasta la cimentación. Quedan unidos a los postes ancla con clavos galvanizados y a la viga con pijas.

Trabes. Son los soportes principales de la estructura en la terraza. La viga está formada normalmente por un par de tablones de 2 × 8 o de 2 × 10 que se clavan a los postes de la terraza.

Vigas. Son los soportes de la cubierta. En una terraza anclada a la casa, las vigas se atornillan por uno de sus extremos al travesaño y el otro a la viga de soporte del frente. Las viguetas exteriores pueden cubrirse con tablas de pino rojo o cedro para darles una mejor apariencia.

Cubierta. Ésta es la parte principal de cualquier terraza; las tablas de la cubierta se clavan a los largueros con clavos galvanizados o también se fijan con tornillos.

Barandal. Las partes del barandal incluyen los pasamanos y los balaústres que están clavados a los largueros exteriores y frontal, un riel horizontal y el remate. Los códigos de construcción en vigor pueden demandar que el barandal de la cubierta quede 24 pulgadas o más arriba del nivel del terreno.

Escalera. La escalera está formada por un par de zancas que se fijan a los lados de la cubierta de la terraza y a una serie de tablas que se fijan a las zancas con listones de metal.

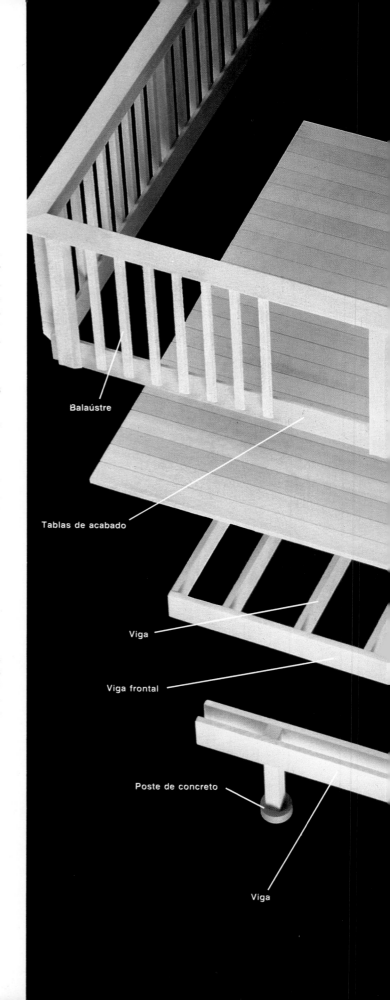

Balaústre

Tablas de acabado

Viga

Viga frontal

Poste de concreto

Viga

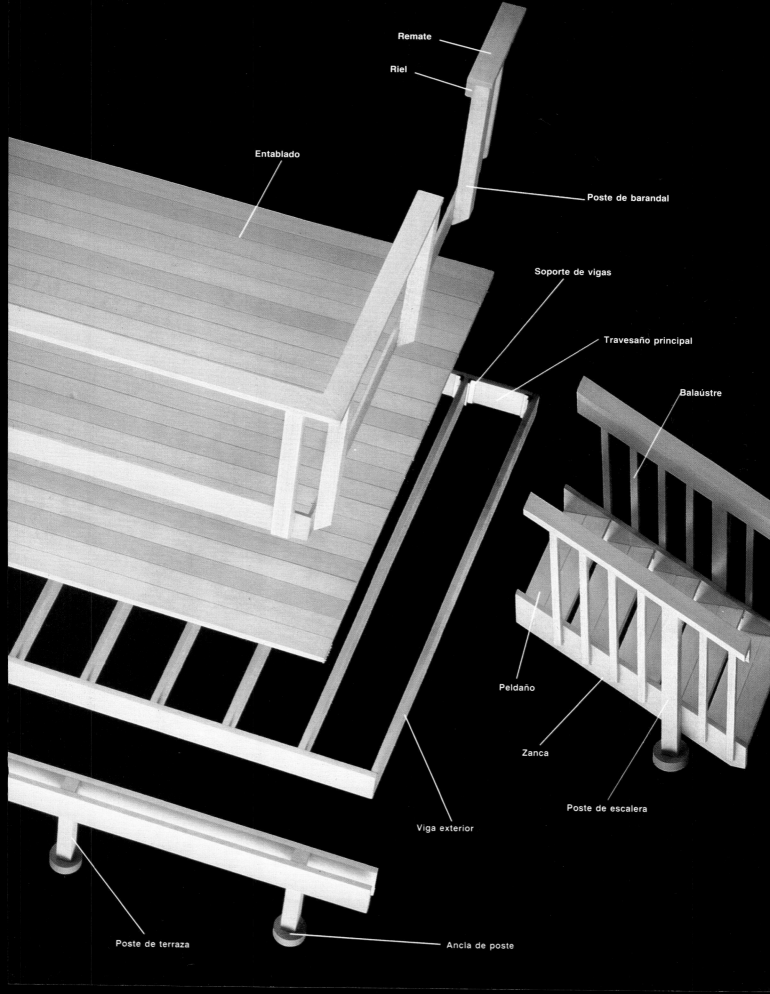

Remate

Riel

Entablado

Poste de barandal

Soporte de vigas

Travesaño principal

Balaústre

Peldaño

Zanca

Poste de escalera

Viga exterior

Poste de terraza

Ancla de poste

Tipos de entablado

La cubierta de la terraza es un elemento muy importante y puede instalarse con tablas de muy diferentes tamaños y diseño. El dibujo de la cubierta determina el espaciado y la distribución de las vigas. Por ejemplo, un dibujo recto de la cubierta requiere que los largueros queden espaciados a 16 pulgadas de centro a centro. Un dibujo diagonal requiere que las vigas queden espaciadas a 12 pulgadas de centro a centro.

Dibujo con patrón diagonal que añade interés visual a la terraza. El patrón en diagonal requiere que los largueros estén espaciados más juntos que en otro tipo de patrón de plataformas.

El dibujo con patrón de parquet requiere vigas dobles y entramados para que tenga soporte la superficie y se puedan juntar los tramos recortados de las tablas de la cubierta.

Los diseños de parquet y algunos otros requieren soportes extras, que pueden ser vigas dobles o entramadas extra. Para que el piso de la terraza quede fuerte y firme se deben utilizar tablas de 2 × 4 o de 2 × 6. La madera más delgada tiende a torcerse o combarse.

Los marcos de las aberturas para los árboles requieren entramado extra entre las vigas. Los tablones cortos se unen al entramado con ménsulas para largueros.

El entarimado con tablas a la orilla le da una vista elegante a la cubierta de la terraza. Se requiere instalar vigas recortadas para soportar la orilla de la cubierta.

Escaleras

Los escalones de plataforma le dan una característica de anchura a estos peldaños. Cada escalón está construido en un bastidor de postes y vigas.

La escalera provee el acceso a la terraza desde el patio de la casa. Su posición también ayuda a establecer los patrones de tráfico en la plataforma.

La escalera se construye con madera que sea igual al resto de la plataforma. De ser posible, los escalones de la escalera deben tener el mismo dibujo que la plataforma. En plataformas que tienen más de 24 pulgadas de alto, los códigos locales pueden indicar que se coloquen barandales.

Estilos de escaleras

Los escalones abiertos tienen unos listones de metal que sujetan los peldaños entre las zancas. Los peldaños de esta escalera están construidos de tablas de 2 × 6 que hacen juego con la superficie de la cubierta de la terraza.

Los escalones cerrados, construidos con zancas ranuradas y contraescalones sólidos, le dan una apariencia de buen acabado a esta escalera de terraza. Los extremos de los peldaños se deben taladrar previamente para evitar que se vayan a rajar.

Las escaleras largas requieren descansos. Un descanso es una plataforma pequeña a la cual llegan los dos trechos de la escalera.

Barandales

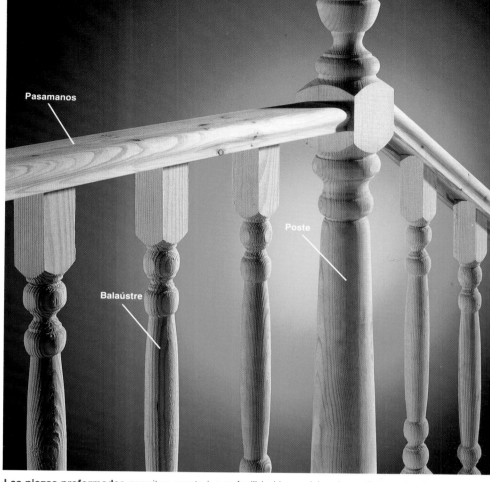

Los códigos de construcción requieren que se instale un barandal cuando la terraza tiene más de 24 pulgadas de alto. Se debe seleccionar un diseño de barandal que se adapte al estilo de la casa.

Por ejemplo, en una casa de tipo rancho, se debe instalar un barandal con rieles horizontales anchos. En una casa que tenga el estilo Tudor con el techo inclinado, el barandal que mejor queda es aquel que tenga balaústres verticales juntos.

Las piezas preformadas permiten construir con facilidad barandales decorativos en las terrazas. Los productos para los barandales incluyen pasamanos preformados, balaústres y postes.

Estilos de barandales

Los balaústres verticales con postes y pasamanos son una buena elección cuando se trata de casas que tengan líneas verticales marcadas. Un balaústre vertical como el que se muestra es una buena elección cuando hay niños en la casa.

Los rieles horizontales se utilizan en casas estilo rancho de un piso. Los rieles horizontales se colocan en postes verticales con dos o más rieles horizontales y un pasamanos como remate.

Los enrejados añaden un toque decorativo a las terrazas. También sirven para tener más intimidad.

Información básica sobre la madera

La madera que se utilice para construir una terraza debe ser resistente a la pudrición y al ataque de los insectos. Los tres tipos de madera que se recomiendan para la construcción de una terraza son madera de corazón roja, cedro de corazón y madera tratada a presión.

El duramen de las maderas de cedro y madera roja tienen una resistencia natural a la descomposición. La albura o madera tierna de la madera roja y del cedro tiene un color más claro que el duramen y tiene menos resistencia a la descomposición. La madera tierna debe tratarse con un sellador preservador si se va a utilizar a la intemperie.

La madera tratada a presión tiene preservadores químicos. El preservador que más se utiliza para la madera que se emplea en la construcción de terrazas es el arseniato de cobre y cromo que tiene la etiqueta marcada ''CCA''.

Cada pieza de madera se debe inspeccionar para devolver la que esté muy agrietada o combada. No se debe utilizar la madera que tenga nudos muy grandes, especialmente donde se requiera que tenga resistencia, como es el caso de las vigas o de las escaleras.

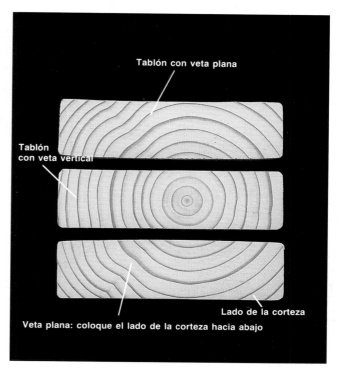

Inspeccione la madera para detectar defectos. Mire a lo largo de cada tabla para verificar que no esté combada o torcida. Devuelva la madera que tenga defectos graves. Verifique que no tenga nudos grandes o flojos. La madera que se usa en las partes estructurales no debe tener nudos (estar limpia) o tener nudos pequeños que estén fuertes y bien incrustados.

Verifique la veta de las tablas para la cubierta. Las tablas con veta plana deben colocarse de tal manera que el lado de la corteza quede hacia abajo. Las tablas con veta plana tienden a curvearse hacia el lado de la corteza y pueden atrapar agua si no se instalan en forma apropiada.

Almacene la madera de manera que se mantenga seca y que no se tuerza. Utilice soportes para mantener la pila de madera a unas pocas pulgadas del piso. Utilice bloques espaciadores para soportar cada fila de madera y para que circule el aire entre las tablas. Cubra la pila de madera con un plástico grueso o con una lona.

Selle los extremos de la madera cortada, incluyendo la madera tratada a presión, con una brocha para aplicar el líquido preservador sellador. Las substancias químicas utilizadas en la madera tratada a presión no siempre llegan a penetrar completamente. El preservador sellador protege todo tipo de madera de la pudrición.

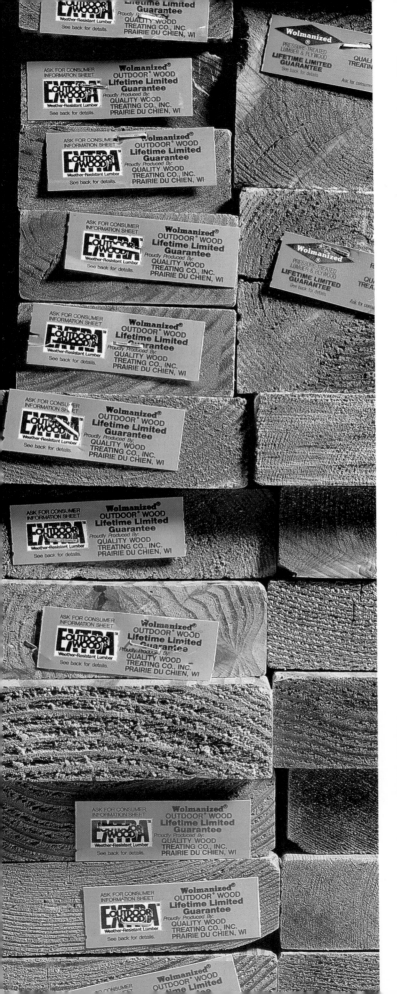

Madera tratada a presión

La madera tratada a presión es la madera más fuerte y más barata que se puede escoger para construir una terraza. Esta madera resiste la descomposición y el ataque de insectos y es un excelente material de construcción para uso a la intemperie.

La madera tratada es resultado de forzar preservadores químicos a muy alta presión dentro de la madera. La mayoría de los tratamientos utiliza arseniato de cobre y cromo, que se identifica con las letras "CCA". El preservador por lo regular le da a la madera un color verde, el cual se desvanece con el tiempo. También se puede teñir la madera tratada a presión con una gran variedad de colores.

La madera tratada está clasificada de acuerdo con la cantidad de substancias químicas retenidas por la madera. Para terrazas se utiliza madera con una retención de nivel .40, que está aprobada para entrar en contacto directo con el suelo. Algunas veces esta clasificación está señalada por el código "LP 22" que se encuentra estampado en la madera.

La madera tratada a presión se puede utilizar para construir totalmente la terraza o únicamente en los postes, las vigas y los largueros, y el cedro y pino rojo para la cubierta, la escalera, la madera que queda al frente y los barandales.

Precaución:

Las sustancias químicas utilizadas en la madera tratada a presión son tóxicas. Lleve siempre anteojos protectores, una mascarilla contra partículas y camisa con manga larga, lo mismo que pantalones largos para evitar entrar en contacto con el aserrín y la viruta de la madera tratada a presión.

El sello de grado que tiene la madera tratada a presión es una lista que incluye el tipo de preservador utilizado y el nivel de retención de las substancias químicas de la madera. Se deben buscar las letras "CCA" que indican que el preservador utilizado es arseniato de cobre y cromo. Asegúrese de que la madera tiene la marca "LP 22" o la leyenda ".40 de retención". La otra información que se encuentra en el sello incluye capacidad a la exposición a la intemperie y nombre y lugar de la compañía que realizó el tratamiento.

Pino Rojo

El pino rojo es una madera de apariencia atractiva y se utiliza mucho en las estructuras exteriores. El duramen de esta madera tiene un color café rojizo y tiene una resistencia natural a la descomposición. La madera tierna, que tiene un color crema, debe tratarse con un preservador para madera cuando se utiliza en la construcción de terrazas.

El pino rojo de calidad es algo caro, de manera que se utiliza únicamente para aquellas partes de la terraza que quedan a la vista, como la cubierta y los barandales.

Hay más de 30 grados de pino rojo en el mercado. "Duramen de construcción" o "duramen comercial" identifican a los grados de calidad media y que son una buena elección para construir la terraza.

El sello de grado del pino rojo es una lista que marca la sequedad de la madera, el grado y la membresía de la asociación. El pino rojo debe estar certificado como "ESTUFADO" o "SECO"; y graduado como pino limpio (CLR RWD), duramen para construcción (CONST HT), duramen comercial (MERCH HT) o pino rojo para construcción (CONST RWD).

Cedro

El cedro es una de las especies recomendadas para la construcción de terrazas, e incluye el cedro rojo y el cedro de incienso. El cedro tiene una apariencia café claro, con una veta de apariencia atractiva. Como esta madera con el paso del tiempo toma un color gris plateado uniforme, se utiliza cuando se quiere dar la apariencia de una madera que ha soportado el paso del tiempo.

El cedro de madera de corazón tiene una resistencia natural a la descomposición. El cedro de madera tierna es blanco o color crema y debe tratarse con un preservador de madera cuando se utiliza en la construcción de terrazas. El cedro también se puede utilizar para las partes que quedan visibles en la superficie de la terraza. Para los miembros de la estructura de la terraza, como son los trabes, vigas y postes, es preferible utilizar madera tratada a presión.

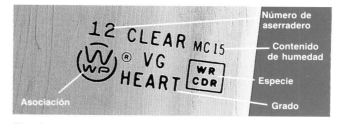

El sello de grado del cedro es una lista que incluye el número de aserradero, el contenido de humedad, las especies, el grado de la madera, la membresía de la asociación. El cedro rojo del oeste (WRC) o el cedro de incienso (YNC) que se utiliza en las terrazas debe tener el grado de duramen (HEART) con un máximo del contenido de humedad del 15% (MC 15).

Tamaño de la madera y planeación de la terraza

La terraza tiene siete partes estructurales principales: **travesaños, trabes,** la **cubierta, soportes,** una o más **vigas, postes, zancas** de la escalera y los **escalones.** Para crear un plano de diseño del trabajo, se deben conocer los límites del claro que van a cubrir cada una de las partes de la terraza; el larguero se fija directamente a la casa y no tiene límite en cuanto al claro a cubrir. El límite del claro a cubrir es la distancia a la cual la madera puede quedar sin estar soportada desde abajo. El claro máximo seguro depende del tamaño de la tabla. Por ejemplo, los largueros de 2 × 6 que estén espaciados a 16 pulgadas de centro a centro pueden quedar con un claro de 9 pies, 9 pulgadas, mientras que los largueros de 2 × 10 alcanzan un claro de 16 pies, 5 pulgadas.

Se empieza por planear y escoger el tamaño y el dibujo de la cubierta. A continuación se determina el tamaño y la distribución de los largueros, vigas y postes para lo cual se utiliza las tablas de claros que se muestran en la página opuesta. En términos generales, la terraza se diseña con madera de dimensiones grandes, como los largueros de 2 × 12 y vigas, que requieren pocas piezas porque las tablas tienen un límite de claro grande.

Nominal	Real
1 × 4	$3/4''\times3^3/4''$
1 × 6	$3/4''\times5^3/4''$
2 × 4	$1^1/2''\times3^1/2''$
2 × 6	$1^1/2''\times5^1/2''$
2 × 8	$1^1/2''\times7^1/4''$
2 × 10	$1^1/2''\times9^1/4''$
2 × 12	$1^1/2''\times11^1/4''$
4 × 4	$3^1/2''\times3^1/2''$
6 × 6	$5^1/2''\times5^1/2''$

Dimensiones nominales y dimensiones reales de la madera: Cuando planee la construcción de la terraza debe tomar en cuenta que las dimensiones reales de la madera son menores que las nominales con las que se vende. Utilice las medidas reales para hacer el dibujo de planta de la terraza.

Tablas de datos relativos al claro que puede cubrir la madera para terrazas.

Claro recomendado entre las vigas: Las tablas de la cubierta de la terraza se pueden hacer de madera de diferente tamaño. En una terraza simple se utilizan tablas de 2 × 4 ó de 2 × 6 con las vigas colocadas a 16 pulgadas una de otra.

Tablas para tarima	Claro recomendado
1 × 4 ó 1 × 6, colocadas rectas	16''
1 × 4 ó 1 × 6, colocadas en diagonal	12''
2 × 4 ó 2 × 6, colocadas rectas	16''
2 × 4 ó 2 × 6, colocadas en diagonal	12''
2 × 4, colocadas en la orilla	24''

Máximo claro de vigas entre soportes: El claro máximo de los largueros entre los soportes depende del tamaño de los largueros y el espacio que haya entre ellos. Por ejemplo, una terraza que tenga los largueros de 2 × 8 colocados cada 16 pulgadas requiere soportes que no estén separados más de 2 pies, 10 pulgadas. En una terraza en voladizo, los largueros pueden sobresalir de las vigas una distancia igual a 1/3 de la longitud total del larguero.

Tamaño del larguero	Separación entre vigas (en centros)		
	12''	16''	24''
2 × 6	11'7''	9'9''	7'11''
2 × 8	15'0''	12'10''	10'6''
2 × 10	19'6''	16'5''	13'4''

Máximo claro de vigas entre postes: El máximo claro entre vigas depende del tamaño de las mismas y de la separación que tengan. Por ejemplo, una terraza con vigas de 4 × 8 y largueros que estén 12 pies separados debe tener postes que queden separados 7 pies como máximo.

Tamaño de viga	Claro entre las vigas			
	6 pies	8 pies	10 pies	12 pies
4 × 6 (dos de 2 × 6)	8 pies	7 pies	6 pies	5 pies
4 × 8 (dos de 2 × 8)	10 pies	9 pies	8 pies	7 pies
4 × 10 (dos de 2 × 10)	12 pies	11 pies	10 pies	9 pies
4 × 12 (dos de 2 × 12)	14 pies	13 pies	12 pies	11 pies

Tamaño de postes recomendado: Elija el tamaño adecuado del poste; para esto se determina el área de carga de la terraza. Para encontrar el área de carga, se multiplica la distancia entre las vigas por la distancia entre los postes. Por ejemplo, en una terraza que tenga un espacio entre vigas de 10 pies desde el larguero principal, con postes que estén separados 7 pies, el área de carga es de 70. Si esta terraza tiene menos de 10 pies de alto, el tamaño recomendado para los postes es de 4 × 4.

	Área de carga				
	Multiplique la distancia entre las vigas (pies) por la distancia entre los postes (pies).				
Altura de la terraza	48	72	96	120	144
Hasta 6 pies	4×4	4×4	6×6	6×6	6×6
Más de 6 pies	6×6	6×6	6×6	6×6	6×6

Tamaños mínimos de las zancas de la escalera: El tamaño de las zancas de la escalera depende del claro de la escalera. Por ejemplo, si la parte más baja de la escalera queda a 7 pies de la terraza, las zancas se deben construir de madera de 2 × 12.

Claro de la escalera	Tamaño de las zancas
Hasta 6 pies	2 × 10
Más de 6 pies	2 × 12

Tamaño recomendado de barandales: El tamaño de los postes, rieles y remates depende del espacio que haya entre los postes del barandal. Por ejemplo, si los postes quedan separados 6 pies, utilice postes de 4 × 4 y rieles y remates de 2 × 6.

Espacio entre los postes del barandal	Tamaño del poste	Tamaño del remate	Tamaño del riel
2 a 3 pies	2×4	2×4	2×4
3 a 4 pies	4×4	2×4	2×4
4 a 6 pies	4×4	2×6	2×6

Herrajes y sujetadores

Perno "J" de 6" con arandela y tuerca

Clavo para largueros

Clavo 10d

Tornillo para terraza

Clavo de 8d

Pija de 1/4" × 1 1/4"

Pija de 3/8" × 4"

Arandela de 1"

Arandela de 1"

Pija de 3/8" × 5"

La terraza debe construirse con herrajes galvanizados; clavos y sujetadores también galvanizados. El metal galvanizado resiste la oxidación y no mancha la madera.

Los elementos de conexión metálicos para madera se utilizan para obtener juntas fuertes entre los miembros del bastidor. Los postes ancla, los sujetadores de los travesaños y las ménsulas se pueden comprar en las madererías o en casas de materiales para madera.

Las cabezas de los tornillos avellanadas se deben sellar con resanador de silicón para evitar que el agua los dañe.

Los tornillos galvanizados sumergidos en caliente (arriba) tienen una capa gruesa de cinc y una superficie rugosa. Este tipo de clavos no se oxida ni mancha la madera.

Los sujetadores para terraza (izquierda) incluyen pernos "J" de 6" con tuerca y arandela, clavos 8d y 10d galvanizados, clavos para los largueros galvanizados de 1 1/4", tornillos para terraza resistentes a la corrosión de 2 1/2", pijas de 1/4" × 1 1/4", pijas de 3/8" × 4", pijas de 3/8" × 5" y arandelas de 1".

El botaguas se ajusta sobre el travesaño para proteger la madera del daño por humedad. La orilla superior del botaguas se mete debajo del forro.

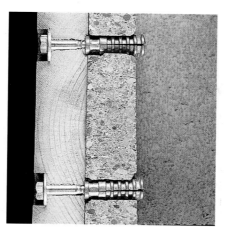

Los taquetes para mampostería con pijas largas sostienen la trabe a la pared, ya sea de piedra, de ladrillo o de concreto.

Los pernos "J" con tuerca y arandelas sostienen las anclas para postes en el cimiento de concreto.

Las anclas para postes sostienen el poste de madera en su lugar y elevan la base del poste para evitar que el agua entre en la veta de la madera.

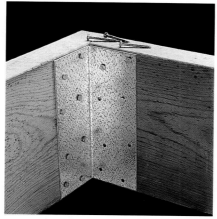

Las ménsulas en ángulo ayudan a reforzar los tablones del frente y los largueros exteriores. Las ménsulas en ángulo también se utilizan para sujetar las zancas de la escalera a la terraza.

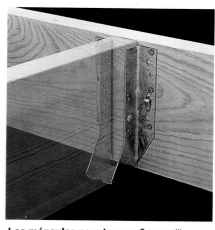

Las ménsulas para travesaño se utilizan para fijar los largueros y los tablones al larguero del frente. Las ménsulas dobles se utilizan cuando el dibujo del patrón de la cubierta requiere largueros doble ancho.

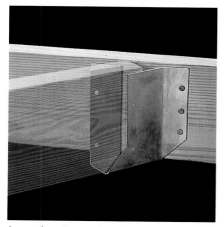

Las ménsulas en ángulo para tablones se utilizan para hacer el bastidor de las terrazas y tener ángulos no usuales o dibujos de la cubierta diferentes.

Los listones de metal de la escalera soportan los peldaños de los escalones de la terraza. Los listones se fijan a las zancas con pijas galvanizadas de $1/4''$ × $1^1/4''$.

Resane con silicón las cabezas de las pijas y cualquier grieta que pueda atrapar agua. Utilice un resanador que esté clasificado para durar toda la vida.

Concreto

Se debe utilizar concreto para que los postes de cimentación que van a soportar el peso de la terraza queden firmes. El concreto para los postes de cimentación se hace con una mezcla de cemento portland, arena y grava (de 1/4 a 1 1/2 pulgadas de diámetro). Estos materiales se compran por separado y se mezclan en el lugar del trabajo, o también se pueden comprar sacos que contienen ya los elementos mezclados en seco. Si se requieren cantidades grandes, se compra concreto premezclado por camión.

Para la mayoría de los proyectos de construcción de terrazas se puede mezclar el concreto en el lugar del trabajo, ya que es fácil y no es caro. Se mezcla el concreto en una carretilla o con una mezcladora, la cual se puede rentar en una casa especializada.

Las tablas de cálculo que se muestran en la página opuesta contienen información sobre los volúmenes aproximados de concreto. Es posible que se tenga un sobrante de concreto después de haber vaciado los postes de cimentación.

Mezcle los ingredientes del concreto en una carretilla. Utilice una relación de una parte de cemento portland (A), dos partes de arena (B) y tres partes de grava (C). También se puede utilizar volúmenes en metros cúbicos, como se muestra en la tabla de la página opuesta.

Cantidad de concreto requerido (pies cúbicos)

Número de postes de cimentación de 8 pulgadas de diámetro	Profundidad de los postes de cimentación (pies)			
	1	2	3	4
2	3/4	1 1/2	2 1/4	3
3	1	2 1/4	3 1/2	4 1/2
4	1 1/2	3	4 1/2	6
5	2	3 3/4	5 3/4	7 1/2

Cantidades de los ingredientes para el concreto

Cantidad de concreto requerido (pies cúbicos)	Ingredientes secos para mezcla seca			Sacos de concreto premezclado en seco de 60 libras
	Sacos de cemento portland de 94 libras	Pies cúbicos de arena	Pies cúbicos de grava	
1	1/6	1/3	1/2	2
2	1/3	2/3	1	4
3	1/2	1 1/2	3	6
4	3/4	1 3/4	3 1/2	8
5	1	2 1/4	4 1/2	10
10	2	4 1/2	9	20

Compra y mezclado del concreto

Compre sacos de concreto premezclado para hacer trabajos pequeños. Un saco de 60 libras sirve para medio pie cúbico de concreto. Un saco de 90 libras sirve para dos tercios de 1 pie cúbico.

Rente una revolvedora para mezclar cantidades más grandes de concreto, grava, arena y agua en forma más rápida.

Compre concreto premezclado cuando se trata de trabajos más grandes. También se pueden rentar remolques para transporte de concreto en los centros de renta de equipo. El concreto premezclado también se vende por metros cúbicos o por yardas cúbicas; una yarda cúbica equivale a 27 pies cúbicos.

Llave de matraca y dado

Pala

Cuchara de albañil

Martillo de uña de 22 onzas

Tijeras de hojalatero

Marro para mampostería de 32 onzas

Cinta métrica metálica de 50 pies

Cinta métrica metálica de 16 pies

Pistola para calafatear

Pata de cabra

Azadón

Mazo de hule

Excavador de quijadas

Escuadra de combinación

Cordón de albañil

Compás

Plomada

Barra plana para desencofrar

Nivel de línea

Lezna para rascar

Nivel de torpedo

Cordón marcador

Formón de 1"

Espátula

Nivel metálico

Escuadra metálica

Las herramientas de mano para construir terrazas son clasificadas para trabajo pesado. Las herramientas de metal deben ser de acero al alto carbón con superficies de acabado fino. Las herramientas de mano de alta calidad están bien balanceadas y tienen mangos que se amoldan a la mano. Nada sustituye a la calidad.

Información básica sobre herramientas

Con un juego básico de herramientas de mano y eléctricas, se puede hacer cualquiera de los proyectos de terraza que se muestran en el libro. Seguramente la mayoría de las personas tienen ya algunas de las herramientas que se requieren. Si se necesitan comprar herramientas nuevas, es aconsejable invertir en productos de calidad para trabajo pesado, lo que redundará en una vida de trabajo prolongada.

Para algunas herramientas especiales, como es una caja para corte en inglete eléctrica o una sierra reciprocante, se puede acudir a centros de renta de herramienta. También se pueden comprar en casas especializadas que venden ese tipo de herramientas para hacer mejoras en el hogar.

Siempre que utilice las herramientas, proteja sus ojos con anteojos de seguridad. También debe llevar una mascarilla contra partículas y usar guantes cuando corte o maneje madera tratada a presión, ya que las substancias químicas que contiene la madera son tóxicas.

Las herramientas para dar acabado y mantenimiento a las terrazas incluyen: guantes de hule (A), aspiradora de taller (B), una extensión de calibre 14 (C), aspersor de presión (D), gato hidráulico y manija (E), anteojos protectores (F), cepillo de raíz (G), brocha (H), máscara de partículas (I) y una lijadora orbital (J).

Las herramientas eléctricas incluyen: caja para corte de ingletes (A), sierra circular (B) con disco con dientes de carburo y una sierra reciprocante con hoja recubierta de teflón (C), un taladro de 3/8'' (D), una sierra caladora (E) y una pistola para atornillar (F). Estas herramientas deben tener motor para trabajo pesado. La pistola para atornillar está diseñada para colocar los tornillos en madera hasta de 2''. La sierra reciprocante y la caja para corte de ingletes se pueden comprar en las casas especializadas, o rentarlas.

Diseño y planeación

Haga un mapa de las características de su casa y del patio. Incluya cualquier detalle que pueda afectar la construcción y uso de la terraza, como el patrón de la luz del sol y las sombras, árboles y otros detalles del panorama. Para tomar medidas precisas utilice una cinta métrica larga; manténgala a nivel y perpendicular a la casa.

Creación de dibujos del lugar de trabajo

Deben prepararse dibujos del área de la construcción antes de hacer el diseño de la terraza. Se anotan todos los detalles que puedan afectar la manera en que se construirá y se utilizará la terraza.

Construir una terraza requiere dos tipos de dibujo. Una **vista de planta** que muestre el sitio de la construcción como se vería desde arriba; un **dibujo de alzado** en el que aparezcan los detalles verticales del sitio de trabajo como se verían desde un lado o desde el frente.

Al mismo tiempo que se preparan estos dibujos, se deben tomar en cuenta cómo pueden influir los detalles de la casa y del patio en el diseño final de la terraza. Se requiere tener presente que el sitio de la construcción es afectado por el clima, por las diferentes horas del día y por las estaciones. Por ejemplo, si la terraza se va a utilizar principalmente para servir comidas en el verano, se debe tener en cuenta la posición del sol, la sombra y las corrientes de aire que hay en el lugar a esa hora del día.

> **Todo lo que usted necesita:**
>
> Herramientas: lápiz o marcador, goma, una cinta métrica de 50 pies, regla, compás y nivel de línea.
>
> Materiales: unas hojas de papel grandes.
>
> Artículos: cuerda de albañil.

Cómo crear dibujos de planta del lugar de trabajo

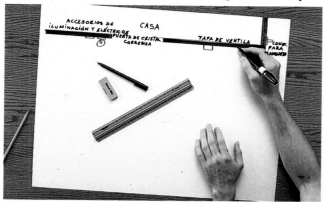

1 Dibuje la posición de la casa y del patio en una hoja de papel utilizando una escala de 1'' igual a 1 pie. Indique la posición de las puertas, ventanas y salidas de servicios, como manguera de jardín o de salidas para el alumbrado.

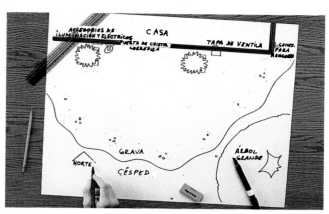

2 Marque el Norte en el dibujo. Anote la localización de árboles, macizos de flores o plantas, así como cualquier otro detalle del panorama. Dibuje cualquier línea de servicio, ya sea subterránea o aérea

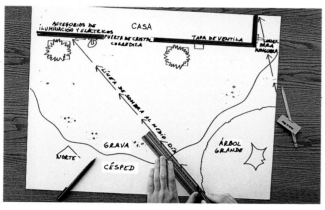

3 Observe el sitio de construcción de la terraza a la hora del día en que se planea utilizar más frecuentemente. Marque los patrones de luz y sombra en el dibujo.

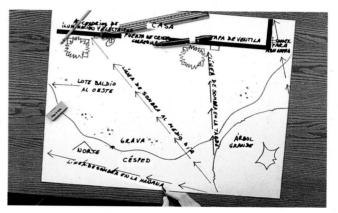

4 Muestre los cambios que ocurren a lo largo del día. Marque los patrones de luz y sombra en horas diferentes y la calidad de la vista cercana. Note los cambios en las corrientes de aire, el ruido del tráfico y la actividad en las casas vecinas.

Cómo crear dibujos alsados

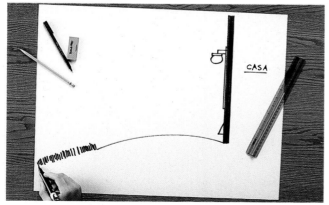

1 Haga un dibujo alzado del sitio de trabajo donde se muestre la pendiente del terreno y la posición de la casa. Para una mayor precisión, tienda un cordón de albañil y utilice la cuerda como referencia para determinar la pendiente del terreno.

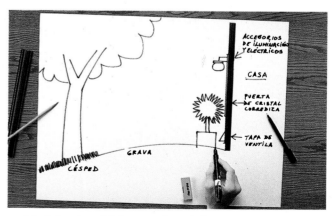

2 Añada los otros detalles que afectarán la manera de construcción y uso de la terraza, como la altura de las ramas de los árboles o las líneas de teléfono, arbustos, macizos de flores, y otros detalles del paisaje.

Trazo de los planos de diseño

Los planos de diseño ayudan a calcular la madera y los herrajes que se van a necesitar, al mismo tiempo que proporcionan las medidas y la disposición de la terraza, así como el corte de la madera. Si los códigos locales de construcción requieren que se obtenga un permiso para construir la terraza, se debe contar con planos de diseño.

Se requieren dos tipos de dibujo para realizar el proyecto. El **dibujo de planta** muestra las partes de la terraza como se ven desde arriba. El **dibujo del alzado** muestra las partes de la terraza como se ven desde un lado o desde el frente.

Para evitar confusiones, no trate de mostrar todas las partes de la terraza en una sola vista de planta. Primero se dibuja una planta que muestre los contornos de la terraza y el dibujo de la cubierta. Después se hace otro dibujo de planta que muestre las trabes, travesaños, las viguetas y los postes.

Todo lo que usted necesita:

Herramientas: lápiz o marcador, goma, regla.

Materiales: dibujo del lugar de trabajo, hojas de papel grandes. Pliegos de papel albanene.

Cómo dibujar los planos de diseño

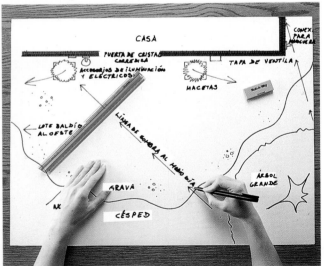

1 Utilice dibujos a escala del lugar de trabajo (páginas 34 a 35) para ayudar a establecer el tamaño y forma de la terraza.

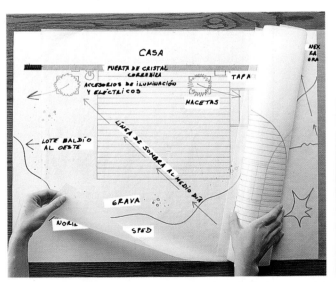

2 Coloque pliegos de papel albanene sobre el dibujo y con cinta adhesiva colóquelos en posición. Experimente con varias ideas y haga diferentes diseños en hojas separadas.

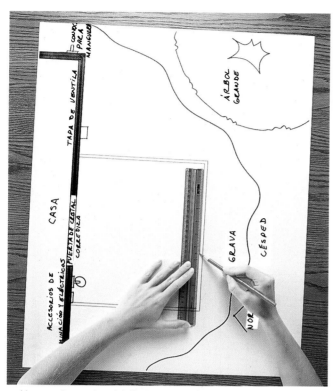

3 Haga varias copias del dibujo a escala. Utilice una regla y lápiz con punta fina para delinear la terraza en una de las copias del dibujo a escala.

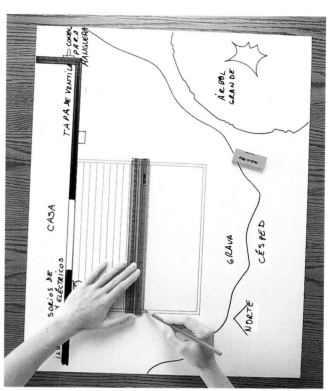

4 Trace el dibujo del patrón de la cubierta en el contorno de la terraza. Indique el tamaño y el tipo de madera, así como el herraje que se va a utilizar. Guarde este plano para utilizarlo como futura referencia.

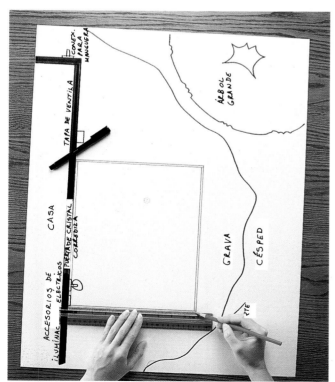

5 En otra copia del dibujo a escala, trace el contorno de la terraza. Dibuje el larguero y las vigas laterales, así como la viga del frente.

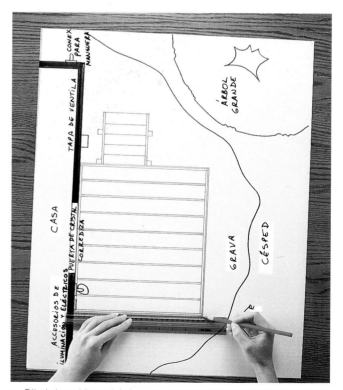

6 Dibuje los tablones inferiores y cualquier pieza de entramado. Anote las tablas exteriores que se necesitarán. Dibuje también las zancas de la escalera, los peldaños y los postes.

(continúa en la siguiente página)

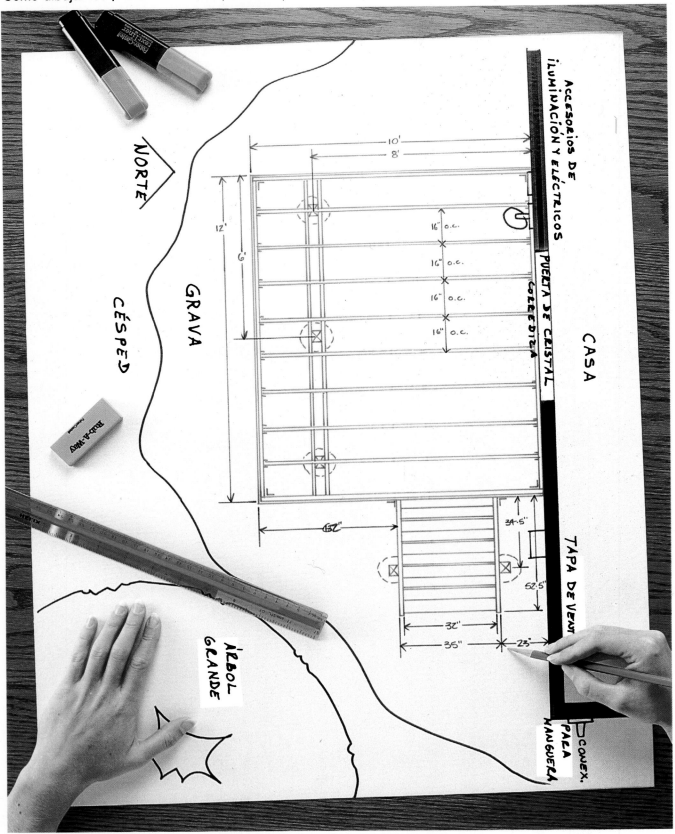

7 Dibuje las vigas y los postes y anote la localización de los postes de cimentación. Ponga todas las dimensiones de la terraza en el dibujo. Guarde este plano para referencia futura cuando ordene la madera y el herraje.

Cómo dibujar los planos de alzado

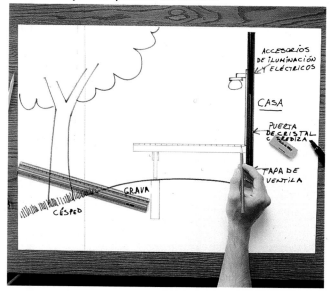

1 Dibuje la plataforma de la terraza en el dibujo alzado (página 35). Trace la viga y los postes.

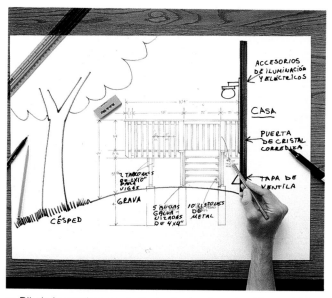

2 Dibuje la escalera en el dibujo alzado, después el barandal, los balaústres, los rieles y el remate. Anote todas las dimensiones en el dibujo e indique el tamaño tipo y cantidad de madera que se va a necesitar. Guarde este plano para referencia futura.

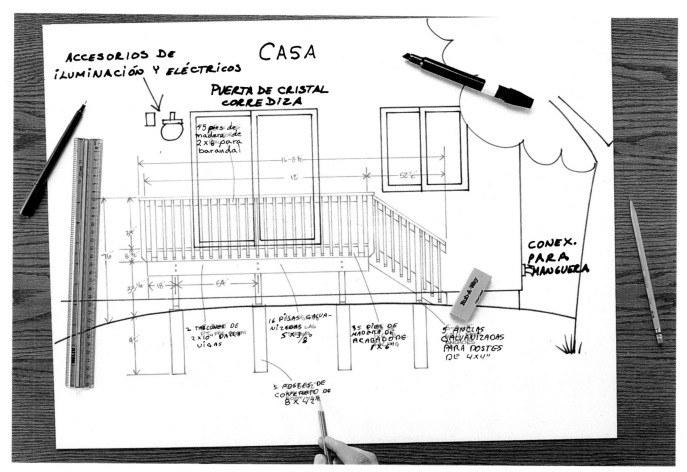

3 Haga otro dibujo de alzado en el que se vea la terraza desde el frente. Anote todas las dimensiones de la terraza e indique el tipo y tamaño de la madera, así como el herraje que se va a utilizar; guarde este dibujo para referencia futura.

Compra de madera y materiales

Los dibujos de planta y de alzado de la terraza sirven para hacer una lista completa de todo el material que se va a necesitar. Por comodidad, conviene hacer una lista igual a la que está en la página opuesta; con esta lista se verifica que no falte material. Se debe considerar un 10% más de madera y materiales para compensar el material defectuoso y errores en la construccion.

La mayoría de los materiales para construir las terrazas se pueden comprar en las madererías o en los centros de materiales que venden todo lo necesario para hacer mejoras en el hogar. Las madererías que tienen surtido completo ofrecen una selección amplia de materiales de construcción, pero sus precios suelen ser más altos que los que se consiguen en los centros de materiales. La calidad de la madera en esos centros varía, por lo que es conveniente inspeccionarla y escoger las piezas que se consideren adecuadas.

Se deben comprar herrajes de alta calidad, materiales para resanar, selladores de madera y tintes. Se ahorrará dinero si se compran cantidades grandes de clavos, tornillos y otros herrajes.

Compre productos de alta calidad para que la terraza dure varios años, incluyendo selladores y tintes de base alquida (A, B, C), anclas para poste galvanizadas (D), clavos galvanizados (E), ménsulas para los largueros galvanizadas (F), tornillos resistentes a la corrosión (G), resanador de silicón (H).

40

Lista de Verificación de Madera y Materiales

Artículos	Tamaño, tipo	Cantidad	Dónde comprar	Precio unitario	Precio total
Madera					
Travesaños					
Postes					
Trabe					
Vigas					
Entablado					
Zancas de escalera					
Peldaños					
Postes del Barandal					
Balaústres o rieles					
Herrajes					
Botaguas					
Clavos galvanizados					
Clavos de 1¼''					
Anclas para postes					
Pijas					
Tornillos para terrazas					
Ménsulas de soporte					
Méns. de soporte en ángulo					
Listones de metal					
Concreto					
Formas para concreto					
Cemento portland					
Arena					
Grava					
Misceláneos					
Resanador de silicón					
Sellador/tinte					
Renta de equipo					
Herramientas a comprar					

Haga una fotocopia de esta lista para utilizarla como referencia cuando ordene la madera y los materiales.

Construcción de terrazas

Construcción de la terraza: un panorama general visto paso por paso

Repase el plano de diseño (páginas 36 a 39) y las instrucciones que aparecen en las páginas 46 a 95 antes de iniciar la construcción de la terraza. La terraza se construye en varias etapas y se deben tener a la mano todas las herramientas y materiales que se requieren en cada una de las etapas antes de empezar a trabajar. Se necesita tener un ayudante para poder llevar a cabo las etapas más difíciles del proyecto.

Es conveniente pedir información sobre la localización de cables de energía eléctrica subterráneos, cables de teléfono o tuberías de agua en las dependencias correspondientes. Si se requiere un permiso de construcción debe tramitarse ante las autoridades respectivas y asegurarse de que un inspector de construcciones apruebe el diseño de la terraza antes de empezar a construirla.

El tiempo que toma la construcción de una terraza depende del tamaño y de la complejidad de su diseño. Una terraza rectangular de 10 × 14 pies se puede completar en dos o tres fines de semana.

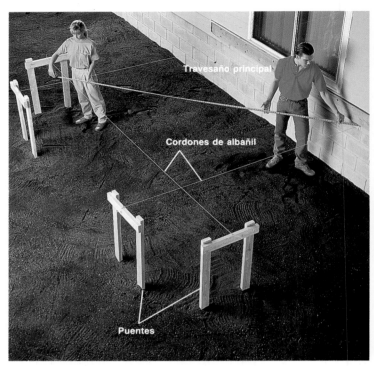

1 Instale un travesaño para anclar la terraza a la casa y que sirva como referencia para colocar los postes (páginas 46 a 51). Utilice puentes de estacas y cordón de albañil para localizar la posición de los postes de cimentación y verifique que estén a escuadra mediante el trazo de diagonales (páginas 52 a 57).

4 Instale ménsulas de metal para colgar los tablones de apoyo en el larguero y en el tablón del frente; después coloque los tablones restantes (página 74 a 77). La mayoría de los patrones de colocación de las tablas de la cubierta requieren que los tablones de soporte estén con una separación de 16″ de centro a centro.

5 Coloque las tablas de la cubierta y córtelas con una sierra circular (página 78 a 81). Si se desea que tenga una mejor apariencia, cubra las tablas de madera tratada a presión del tablón del frente y los laterales con tablas de acabado de cedro o de pino rojo (página 81).

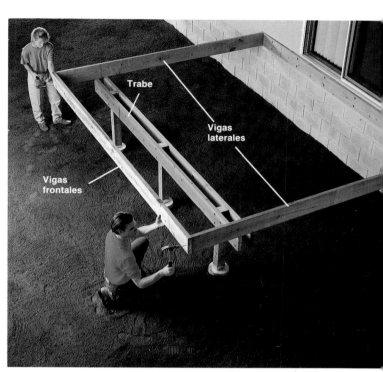

2 Vacíe el concreto de los postes de cimentación (páginas 58 a 61) e instale las anclas de metal para los postes (páginas 63 a 64). Coloque y fije los postes en las anclas respectivas y marque en el poste donde va ir colocada la viga (páginas 64 a 67).

3 Clave la trabe a los postes (página 68 a 71). Instale las vigas laterales y el tablón del frente con clavos galvanizados (páginas 72 a 73).

6 Construya la escalera (páginas 82 a 87). La escalera sirve para tener acceso a la terraza y establece los patrones de tráfico.

7 Instale el barandal alrededor de la terraza y a lo largo de la escalera (páginas 88 a 95). Un barandal le da un toque decorativo y puede requerirse en terrazas que queden 24″ arriba del piso.

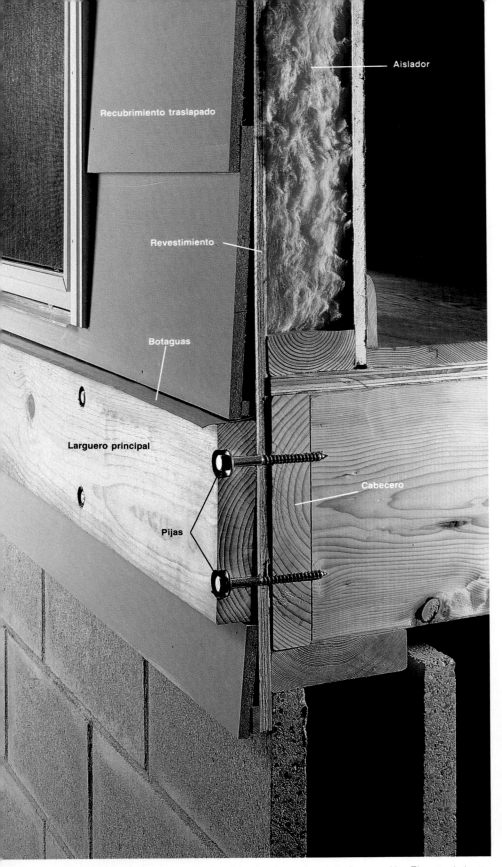

Aislador

Recubrimiento traslapado

Revestimiento

Botaguas

Larguero principal

Cabecero

Pijas

Instalación del travesaño principal

El primer paso en la construcción de la terraza es sujetar el travesaño a la casa. El larguero sujeta la terraza y sirve como un punto de referencia para construir a escuadra la terraza y a nivel. También aquí van apoyadas todas las vigas por uno de sus extremos, de tal manera que debe estar perfectamente sujeto a los miembros del bastidor de la casa.

El travesaño se coloca de forma que la superficie de las tablas de la cubierta queden una pulgada abajo del nivel de las puertas interiores. Esta diferencia en altura evita que el agua de lluvia o la nieve derretida entren a la casa.

La trabe principal (vista del corte) está hecha de madera tratada a presión. El corte de las tablas de la fachada expone el forro y sirve para tener una superficie plana para fijar el larguero principal. El botaguas galvanizado se introduce debajo de las tablas de la fachada para evitar que la humedad dañe la madera. Las pijas se colocan en barrenos abocardados para que la cabeza quede en el avellanado. Las pijas son de $3/8" \times 4"$ y sujetan el larguero a la viga de carga de la casa.

Todo lo que usted necesita:

Herramientas (página 30): lápiz, nivel, sierra circular con disco de carburo, cincel, martillo, tijeras para cortar lámina, pistola para resanar, taladro, brocas (broca de $1/4"$, broca de punta y hoja de $1"$ y brocas para mampostería de $3/8"$ y $5/8"$), llave de matraca, lezna y mazo de hule.

Materiales: madera tratada a presión, botaguas galvanizado, clavos galvanizados 8d, pasta para resanar de silicón, pijas de $3/8" \times 4"$ y arandelas de $1"$, taquetes de plomo para mampostería, para pijas de $3/8"$ (para paredes de ladrillo).

Partes compradas: tablones de madera de 2×4.

Cómo fijar el travesaño principal en una pared de madera traslapada

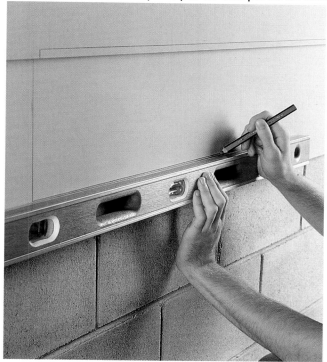

1 Trace una línea que muestre dónde quedará la terraza anclada en la casa; utilice un nivel como guía. Tome en cuenta el grueso de los tablones exteriores y de las tablas decorativas que se instalen.

2 Con una sierra circular, corte a lo largo de las marcas. Ajuste la profundidad del disco a la medida del grueso del corte, de manera que la sierra no llegue hasta el revestimiento.

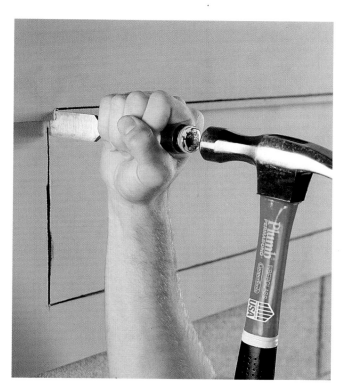

3 Con un cincel termine de cortar las partes en donde no llegó el disco de la sierra circular. Sostenga el cincel con el lado que tiene el chaflán hacia adentro.

4 Mida y corte el tablón de madera tratada a presión. Recuerde que el tablón debe ser más corto que la medida general del bastidor.

(continúa en la siguiente página)

Cómo fijar el travesaño principal en una pared de madera traslapada (continuación)

5 Corte el botaguas galvanizado a la longitud del corte hecho en el larguero; utilice para esto unas tijeras para lámina. Deslice el botaguas debajo del corte.

6 Centre el larguero dentro del corte, debajo del botaguas. Colóquelo en posición y clave el larguero con clavos galvanizados 8d. Aplique un cordón de recubrimiento de silicón en la grieta que quede entre el corte y el botaguas.

7 Taladre barrenos piloto de ¼" de dos en dos, espaciados cada 2 pies para que pasen a través del larguero y del revestimiento hasta llegar al tablón del frente.

8 Abocarde cada barreno piloto a ½" de profundidad con una broca de punta y hoja de 1"

9 Instale el travesaño en la pared con pijas de ³/₈ × 4″ y arandelas; utilice una llave de matraca.

10 Selle la perforación donde se encuentran las cabezas de las pijas con relleno de silicón. Selle también la grieta que quede entre la pared y los lados, y el fondo del travesaño.

Cómo fijar el travesaño principal en una pared de mampostería

1 Mida y corte el travesaño. Éste debe ser más corto que la longitud total del corte hecho. Taladre pares de barreno piloto de ¹/₄″ para que queden cada dos pies a lo largo del tablón. Abocarde cada barreno piloto a una profundidad de ¹/₂″, utilizando para ello una broca de punta y hoja de 1″.

2 Trace la línea a la cual quedará la terraza en la pared; utilice un nivel como guía. Centre el larguero en la pared y colóquelo en posición. Marque la localización de los barrenos pilotos en la pared, ya sea con una lezna o con un clavo. Quite el travesaño.

(continúa en la siguiente página)

Cómo fijar el travesaño principal en una pared de mampostería (continuación)

3 Taladre unos barrenos de 3″ de profundidad en la pared; utilice una broca para mampostería de ⁵/8 ″.

4 Introduzca los taquetes de plomo para mampostería, especiales para pijas de ³/8 ″; utilice un mazo de hule.

5 Sujete el travesaño a la pared con pijas de ³/8 ″ × 4 ″ y con arandelas; utilice la llave de matraca. Apriete los tornillos firmemente, pero no los apriete de más.

6 Selle las grietas que queden entre la pared y el travesaño con relleno de silicón. También selle las cabezas de las pijas.

Cómo fijar el travesaño principal en una pared de estuco

1 Trace una línea en la pared que indique la colocación de la terraza; utilice un nivel como guía. Mida y corte el larguero y taladre barrenos piloto (página 49, paso 1). Coloque el larguero contra la pared y marque la localización de los barrenos; utilice un clavo o una lezna.

2 Quite el larguero. Taladre barrenos pilotos que pasen la capa de estuco que cubre la pared; utilice una broca para mampostería de 3/8″.

3 Profundice cada barreno piloto para que pase el recubrimiento y llegue hasta el tablón del frente; utilice una broca de 1/4″; vuelva a colocar el larguero y la riostra en su lugar.

4 Sujete el larguero en la pared con pijas de 3/8″ × 4″ y arandelas; utilice la llave de matraca. Cubra las cabezas de las pijas y las grietas que queden entre la pared y el larguero con sellador de silicón.

51

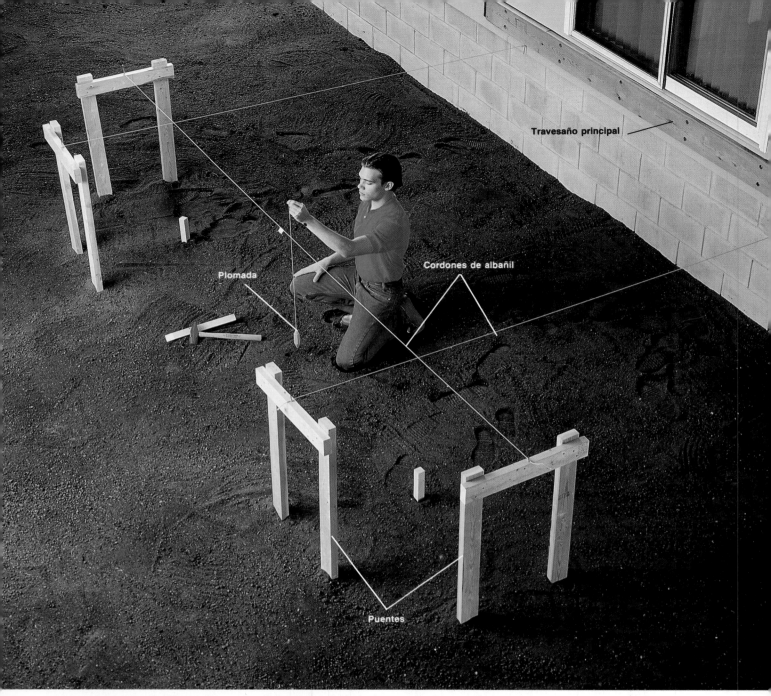

Travesaño principal

Plomada

Cordones de albañil

Puentes

Los cordones de albañil se colocan entre el travesaño principal y los puentes de estacas; se utilizan para determinar la colocación de los postes de cimentación. Con una plomada y estacas se marcan en el piso los centros exactos de los postes de cimentación.

Trazo de la colocación de los postes de cimentación

La localización exacta de los postes de concreto para cimentación se logra mediante el uso de cuerdas de albañil tendidas en el sitio de trabajo. Se utiliza la tabla del travesaño como punto inicial. Estas cuerdas colocadas perpendicularmente se utilizan para marcar el sitio de los agujeros que se harán para los postes de la cimentación, así como para colocar las anclas de los postes de metal en los postes ya terminados. Las cuerdas se fijan en soportes provisionales de 2 × 4, que se conocen como puentes.

> **Todo lo que usted necesita:**
>
> Herramientas: cinta métrica, marcador con punta de fieltro, sierra circular, pistola para atornillar, escuadra de metal, martillo para mampostería, martillo de uña, nivel de línea, plomada.
>
> Materiales comprados: tablones de 2 × 4, clavos 10d, tornillos para pared seca de 2¹/₂″, cuerda de albañil, cinta para recubrir.

Cómo situar los postes de cimentación

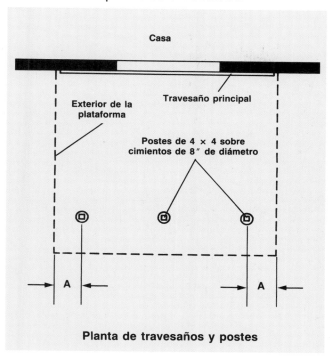

Casa

Travesaño principal

Exterior de la plataforma

Postes de 4 × 4 sobre cimientos de 8″ de diámetro

A   A

Planta de travesaños y postes

1 Utilice el plano de diseño (página 38) para encontrar la distancia (A). Tome la medida desde el lado de la terraza hacia el centro de cada poste externo. Utilice el dibujo de alzado (página 39) para localizar la altura de cada uno de los postes de la terraza.

2 Corte las estacas para los puentes; cada una debe tener 8″ más que la altura de los postes. Uno de los extremos de las estacas debe quedar en punta, para lo cual puede utilizar la sierra circular. Corte dos tablas de 2 × 4, cada una de 2 pies de largo aproximadamente.

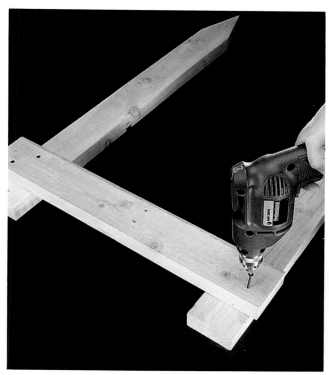

3 Arme los puentes con la tabla puente clavada en las dos estacas; utilice tornillos de 2¹/₂″. Los puentes deben quedar 2″ por abajo de los extremos de las estacas.

4 Transfiera la medida A (paso 1) al larguero y marque los puntos de referencia en cada extremo del larguero. Los cordones de albañil quedan en estos puntos del larguero. Cuando tome las medidas, recuerde que se debe dejar una sobremedida para los tablones exteriores y del frente que estarán empalmados en los extremos del travesaño.

(continúa en la siguiente página)

Cómo situar los postes de cimentación (continuación)

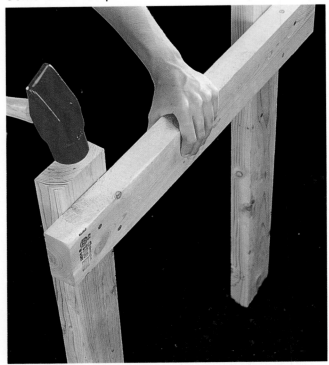

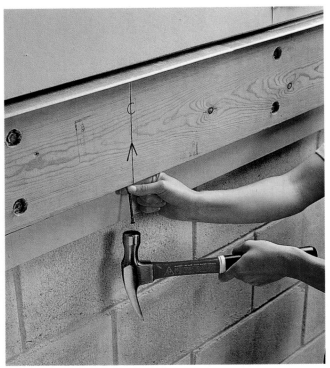

5 Clave el puente unas 6″ dentro del piso, a unos 2 pies de donde quedará el poste. El puente debe quedar paralelo al travesaño principal.

6 Clave en el larguero principal, en la parte de abajo, un clavo 10d como punto de referencia (paso 4). Amarre un cordón de albañil al clavo.

7 Jale el cordón de albañil hasta que quede tenso y perpendicular al larguero principal. Utilice una escuadra de acero como guía. Fije el cordón de albañil al puente, dando varias vueltas en la tabla superior.

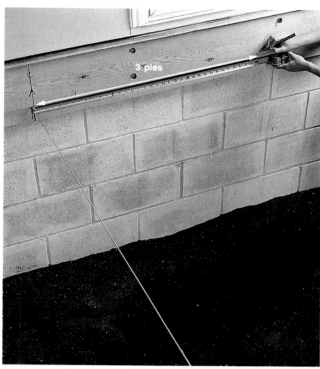

8 Verifique que el cordón de albañil quede a escuadra; utilice para esto un triángulo de carpintero 3-4-5. Primero mida a lo largo del larguero principal y marque un punto de quede a 3 pies del cordón de albañil; utilice para esto un marcador.

9 Mida a lo largo del cordón de albañil hasta un punto que quede a 4 pies del larguero principal; marque este punto con cinta adhesiva.

10 Mida la distancia entre las marcas. Si el cordón está perpendicular al larguero principal, la distancia será 5 pies exactos. Si es necesario, mueva el cordón hacia la izquierda o hacia la derecha desde el puente de estacas hasta que la distancia entre marcas sea de 5 pies.

11 Introduzca un clavo 10d en la tabla puente en el punto donde queda el cordón de albañil. Deje que el clavo sobresalga unas 2″. Ate el cordón al clavo.

(continúa en la siguiente página)

Cómo situar los postes de cimentación (continuación)

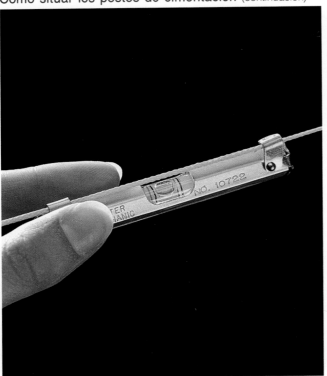

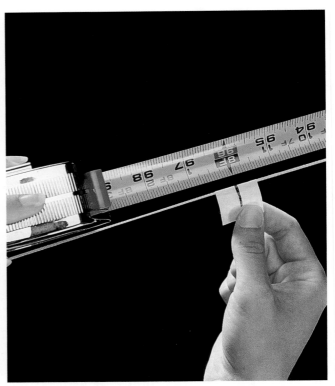

12 Coloque un nivel de línea colgado en el cordón de albañil. Eleve o baje el cordón hasta que quede a nivel. Coloque otro poste exterior: Repita los pasos 5 a 12.

13 Mida a lo largo del cordón, a partir del larguero principal, para encontrar el centro de los postes. Marque los centros en el cordón de albañil mediante cinta adhesiva.

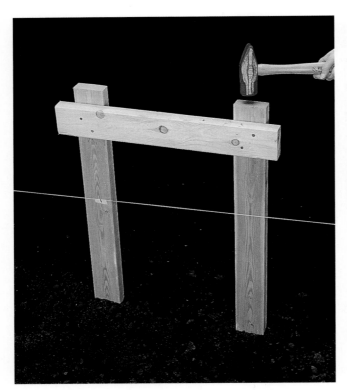

14 Clave más puentes de estaca que queden aproximadamente a 2 pies del cordón de albañil y que estén alineados con las marcas de los postes (paso 13).

15 Alinee un tercer cordón con las marcas del centro que se encuentran en los cordones que se colocaron primero. Clave en el tirante del puente de estacas un clavo 10d y ate un cordón que de cruzado con el primer cordón. Los cordones que se cruzan deben estar cercanos pero no tocarse.

56

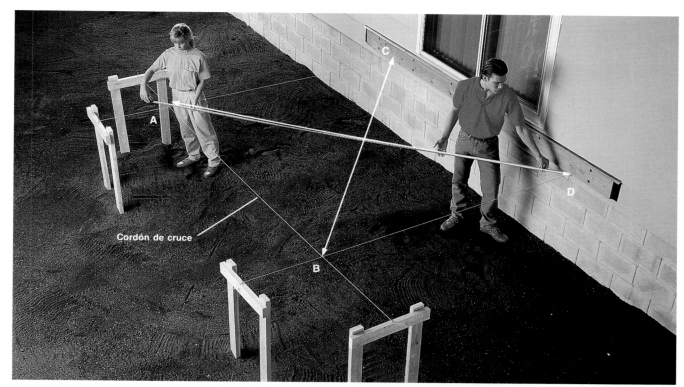

Cordón de cruce

16 Verifique que los cordones estén a escuadra; para esto mida las distancias A-B y C-D. Mida las diagonales A-D y B-C desde la orilla del larguero principal hasta la esquina opuesta. Si los cordones están a escuadra, las medidas A-B será la misma que la medida C-D, lo mismo que las diagonales A-D y B-C. Si es necesario, ajuste los cordones sobre los puentes de estacas hasta que queden a escuadra.

17 Marque los diferentes puntos donde se colocarán los postes de cimentación intermedios. Haga las marcas con cinta adhesiva.

18 Con una plomada marque el centro de cada uno de los postes; clave una estaca directamente abajo de donde se cruzan los cordones de albañil. Haga lo mismo en cada una de las marcas hechas en el cordón de albañil. Los cordones de albañil se quitan antes de empezar a acabar los hoyos de cimentación.

Excavación y vaciado de los postes de cimentación

La cimentación de concreto sostiene los postes de la terraza en su lugar y soporta también todo el peso de la terraza. Se necesita revisar los códigos locales para determinar el tamaño y la profundidad que se requiere para los postes en esa área. En climas fríos, los postes de cimentación deben quedar más profundos de la línea de congelación del suelo.

Para proteger los postes del daño causado por el agua, cada uno debe vaciarse de manera que quede 2 pulgadas por arriba del nivel del terreno. Los moldes para encofrado en forma de tubo permiten vaciar el concreto de cimentación por arriba del nivel del terreno.

Es fácil y barato hacer la mezcla del concreto; sólo se requiere combinar cemento portland, arena, grava y agua. Ver páginas 28 y 29 para tener más información sobre la compra y mezclado del concreto.

Antes de excavar se debe recabar información sobre los cables subterráneos, de teléfonos o tuberías de agua con las dependencias encargadas de estos servicios, para estar seguro de que no interfieren con el trabajo de cimentación.

Todo lo que usted necesita:

Herramientas (página 30): barrena eléctrica o excavador de mordazas para postes de cimentación, cinta métrica, serrucho para acabado o sierra de mano, nivel de torpedo, azadón, llana, pala, un cepillo de dientes usado, plomada, cuchillo de uso general.

Materiales: moldes para tubo de concreto de 8″, cemento portland, arena, grava, pernos J con punta de gancho.

Otros materiales: carretilla, madera de desperdicio de 2 × 4.

Las perforadoras eléctricas barrenan los hoyos para los postes de cimentación rápidamente. Estas herramientas se pueden rentar en centros especializados. Algunos modelos los puede operar una sola persona, pero para otros se necesitan dos personas.

Cómo cavar y vaciar los postes de cimentación

1 Haga los hoyos para los postes de cimentación con un excavador de quijadas o con una perforadora eléctrica. Las perforaciones deben quedar centradas en relación con las estacas colocadas.

2 Mida la profundidad de la excavación. Los códigos de construcción locales contienen información sobre la profundidad adecuada. Si se requiere, corte las raíces de los árboles con una sierra para podar.

3 Ponga dos o tres pulgadas de grava suelta en cada una de las perforaciones hechas. La grava sirve como drenaje debajo de los postes de cimentación.

4 Agregue dos pulgadas a la medida de la profundidad de la perforación de manera que los postes de cimentación queden por arriba del nivel del piso. Los tubos de molde para vaciar el concreto deben cortarse a la medida con una sierra reciprocante o con un serrucho. El corte debe quedar derecho.

5 Coloque el molde dentro de los hoyos de manera que quede 2″ por arriba del nivel del piso. Utilice un nivel para asegurarse que la orilla del tubo está a nivel. Rellene con tierra alrededor de los tubos para que queden en su lugar.

(continúa en la siguiente página)

6 Revuelva los ingredientes del concreto en una carretilla; utilice un azadón.

7 Forme un hueco en el centro de la mezcla de concreto. Vacíe lentamente una poca de agua y mezcle con el azadón.

8 Añada más agua poco a poco y mezcle bien hasta que el concreto pueda mantener su forma cuando se parte con una cuchara de albañil.

9 Vacíe el concreto lentamente dentro de los tubos; utilice una pala para vaciar el concreto desde la carretilla. Con un palo largo se pica el concreto vaciado para eliminar las bolsas de aire que se forman en la mezcla.

10 Nivele el concreto con una pieza de madera de 2 × 4 colocada sobre las orillas del tubo; el movimiento de la tabla debe ser similar al que se hace cuando se corta con serrucho. Vacíe más concreto en las partes que queden más abajo. Vuelva a colocar los cordones de albañil sobre los puentes y verifique las medidas.

11 Coloque un perno tipo "J" dentro del concreto fresco y al centro del tubo de cimentación.

12 Introduzca el perno dentro del concreto con un movimiento vibratorio para eliminar las bolsas de aire.

13 Introduzca el perno en el concreto de manera que sobresalga de ³/₄″ a 1″. Con un cepillo de dientes viejo quite el concreto fresco que se haya acumulado en la cuerda del perno.

14 Con una plomada verifique que el perno esté colocado exactamente al centro del poste de cimentación.

15 Utilice un nivel de torpedo para verificar que el perno esté a plomo. Si es necesario, ajuste el perno y vuelva a vaciar concreto. Deje que el concreto fragüe y después corte el tubo que sobresale con un cuchillo de uso general.

Colocación de postes de cimentación

Los postes soportan las vigas de la terraza y transfieren el peso a los postes de concreto. Para tener una resistencia máxima, los postes deben quedar a plomo.

Con objeto de evitar la pudrición o el daño por insectos, se recomienda usar madera tratada a presión para los postes y que los extremos tratados queden hacia abajo.

Se utilizan anclas de metal para sujetar los postes de concreto. Las anclas deben tener barrenos de drenaje y pedestales que eleven los extremos de los postes de madera por encima de los postes de concreto.

Todo lo que usted necesita:

Herramientas (página 30): lápiz, escuadra de metal, llave de matraca, cinta métrica, caja para ingletes eléctrica o sierra circular, martillo, pistola para atornillar, nivel, escuadra de combinación.

Materiales: anclas para poste de metal, tuercas para pernos J, madera para los postes, clavos galvanizados 6d, tornillos para pared de 2″.

Otros materiales: reglas largas de madera de 2 × 4, madera de 1 × 4, polines de 2 × 2 con punta.

Cómo fijar las anclas para los postes

1 Marque una línea de referencia sobre los postes de cimentación. Coloque una regla de 2 × 4 a lo largo de dos o tres postes de concreto, que estén paralelos al travesaño principal, con uno de sus cantos colocado contra los pernos "J".

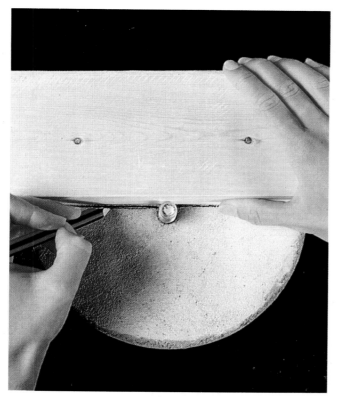

2 Trace la línea de referencia en cada uno de los postes de cimentación, utilizando una regla de 2 × 4 como guía. Después quite la regla de madera.

3 Coloque el ancla de metal en cada uno de los postes de cimentación y céntrela en relación al perno "J"

(continúa en la siguiente página)

Cómo fijar las anclas para los postes (continuación)

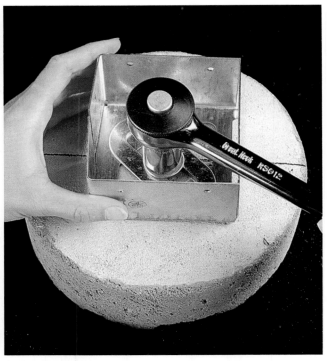

4 Utilice una escuadra de metal para asegurarse que las anclas para los postes están puestas a escuadra en relación con la línea de referencia trazada en el poste.

5 Atornille y apriete una tuerca en cada uno de los pernos ''J''; utilice para esto una llave de matraca.

Cómo colocar los postes

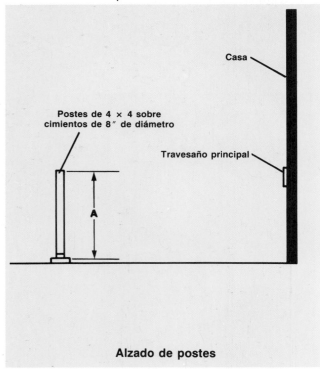

Casa

Postes de 4 × 4 sobre cimientos de 8″ de diámetro

Travesaño principal

A

Alzado de postes

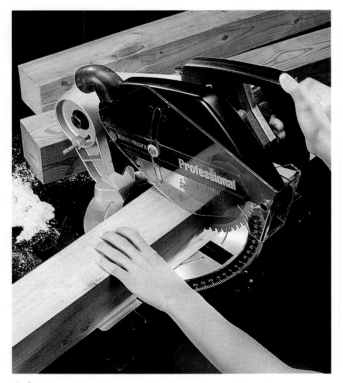

1 Vea el dibujo de alzado en el plano de diseño (página 39) para determinar la altura de cada poste (A). Deje una sobremedida de 6″ para hacer el corte.

2 Corte los postes con una sierra circular o con una caja para corte de ingletes eléctrica. Asegúrese que los extremos tratados a presión de los postes estén a escuadra. De ser necesario córtelos a escuadra con la sierra circular o con la caja para corte de ingletes.

3 Coloque el poste en su ancla y sujételo con clavos galvanizados 6d.

4 Coloque una riostra de 1 × 4 en una de las caras del poste, puesta de tal manera que quede a 45 grados y aproximadamente a la mitad del mismo.

5 Ponga un tornillo para madera de 2″ para sujetar provisionalmente la riostra al poste.

6 Clave una estaca de 2 × 2 en el suelo, cerca del extremo de la riostra.

(continúa en la siguiente página)

Cómo colocar los postes (continuación)

7 Verifique que el poste esté a plomo; utilice un nivel. Ajuste de ser necesario.

8 Sujete la riostra y la estaca con dos tornillos para madera de 2″.

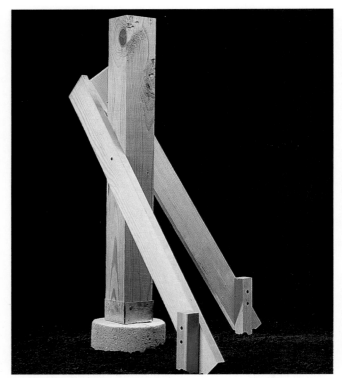

9 Coloque otra riostra que esté perpendicular a la primera.

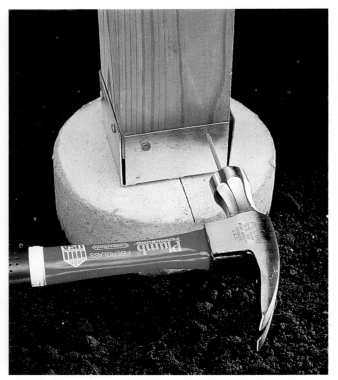

10 El poste se sujeta a la ancla con clavos galvanizados 6d.

11 Coloque una viga de soporte de 2 × 4 de manera que uno de sus extremos quede sobre el larguero principal y el otro cruce la cara del poste. Nivele la viga de 2 × 4 y trace una línea en la cara del poste a lo largo de la orilla inferior de la viga 2 × 4. Si se está cons-

truyendo una terraza en voladizo (página 68 a 70), esta línea indica la cara superior de los largueros. Si se trata de una terraza al ras de los postes (página 71), la línea indica la parte superior de la viga.

12 Trace una línea como se indica en el paso 11 si la terraza es en voladizo. Trace una línea a una distancia que sea igual al ancho del tablón.

13 Trace una línea alrededor del poste con una escuadra. Esta línea indica la parte superior de la viga en voladizo.

Instalación de trabes

Las vigas soporte se sujetan a los postes para que ayuden a cargar el peso de las vigas y la cubierta. El método para instalar la viga soporte depende del tipo de la terraza; se utiliza un método diferente si la terraza es volada o si se trata de una terraza al ras de los postes.

La **terraza volada** tiene postes y varias vigas que se colocan atrás de la orilla de la terraza. La ventaja de este diseño es una apariencia más limpia y atractiva. La construcción en cantilever requiere que los largueros pasen y sobresalgan de la viga soporte. La regla general es que la parte que sobresale o que está en cantilever debe ser de un tercio de la longitud total de los largueros.

Una **terraza al ras de los postes** es la que queda colocada con postes a la orilla de la terraza. Debido a que los largueros quedan dentro de las vigas de soporte en lugar de ir arriba, esta construcción es ideal cuando se trata de terrazas bajas.

Todo lo que usted necesita:

Herramientas (página 30): cinta métrica, lápiz, sierra circular, brocha, escuadra de combinación, pistola para atornillar, taladro, brocas ($1/8''$, $1/4''$), broca de punta y hoja de $1''$, llave de matraca, pistola para resanar, sierra reciprocante o sierra de mano.

Materiales: madera tratada a presión, preservador sellador claro, tornillos resistentes a la corrosión de $2 1/2''$, pijas de $3/8'' \times 4''$ y arandelas de $1''$, pijas de $3/8'' \times 5''$ (para plataformas al ras de los postes), resanador de silicón.

Cómo instalar una viga para una terraza en voladizo

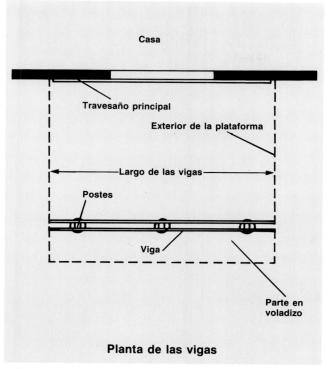

Planta de las vigas

1 Vea en el dibujo de planta (página 38) las medidas de las vigas de soporte. En el dibujo de planta que se muestra arriba, la viga en voladizo está cortada para igualar el ancho de la terraza.

2 Mida y corte dos tablas tratadas a presión; utilice la sierra circular y déjelas a la longitud requerida. Selle los dos extremos con preservador claro.

3 Sostenga las dos vigas juntas. Mida y marque la localización de los postes en el canto superior de las dos vigas; utilice una escuadra de combinación como guía.

4 Coloque uno de los tablones en uno de los lados del poste con la comba hacia arriba. Las marcas en el poste deben quedar alineadas con las marcas hechas en el tablón. Sujete el tablón en posición con dos tornillos de 2¹/₂″.

(continúa en la siguiente página)

5 Perfore dos barrenos pilotos de ¹/₄″ que traspasen el tablón y lleguen hasta el poste.

6 Abocarde cada barreno guía a ¹/₂″; utilice una broca de punta y hoja de 1″.

7 Fije el tablón al poste con pijas de ³/₈″ × 4″ con arandelas; utilice para esto la llave de matraca.

8 Coloque las otras vigas de soporte de los postes; repita los pasos 4 a 7. Ponga sellador de silicón sobre las cabezas de las pijas.

9 Corte los postes al ras de los tablones; utilice una sierra reciprocante o un serrucho. Selle lo postes cortados con un preservador claro.

Cómo instalar una viga para una terraza al ras de los postes

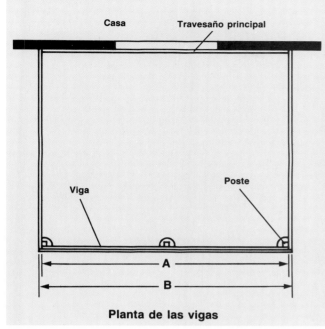

Casa · **Travesaño principal**

Viga · **Poste**

A

B

Planta de las vigas

1 Utilice el dibujo de planta (página 38) para ver la longitud de cada viga. Mida la distancia (A) que va desde la orilla de uno de los postes exteriores hasta la orilla del otro poste exterior en el extremo opuesto. Marque los tablones a la longitud indicada y córtelos con la sierra circular. Corte otro tablón (B) que esté 3″ más largo que el primero. Ponga sellador preservador claro en los extremos cortados.

2 Coloque el tablón más corto en la cara exterior de los postes, de manera que los extremos queden al ras. El canto del tablón debe estar al ras de las marcas en los postes. Perfore barrenos piloto de $1/8$″ y sostenga el tablón en posición con tornillos de $2^1/_2$″.

3 Coloque el tablón más largo en la cara exterior del primer tablón, de manera que sobresalga $1^1/_2$″ en ambos lados. Sujete los dos tablones con un par de tornillos de $1/2$″ puestos cada 2 pies.

4 Perfore dos barrenos piloto de $1/4$″ en ambos tablones y que pasen hasta el poste. Abocarde cada barreno piloto a $1/2$″ de profundidad; utilice para esto una broca de punta y hoja de 1″. Asegure los dos tablones a los postes con pijas de $3/8$″ × 5″ con sus arandelas; utilice la llave de matraca. Ponga sellador de silicón sobre las cabezas de las pijas y en las grietas que queden entre los tablones.

Colocación de vigas

Los travesaños sirven de soporte a las tablas de la cubierta. Cuando la construcción de la terraza es en voladizo, los travesaños se fijan al larguero principal y al larguero del frente con ménsulas de metal galvanizadas y se clavan en la parte superior de la viga. En la construcción de terraza al ras de los postes, los travesaños se clavan al larguero principal y dentro de las vigas con ménsulas galvanizadas.

Para mayor durabilidad y resistencia, se debe utilizar madera tratada a presión en todos los soportes. Los soportes que quedan a la vista o el larguero frontal pueden cubrirse con pino rojo o con cedro para darle una apariencia más atractiva.

Todo lo que usted necesita:

Herramientas (página 30): cinta métrica, lápiz, martillo, escuadra de combinación, sierra circular, brocha, taladro, brocas ($1/16''$, $1/4''$), de punta y hoja de $1''$.

Materiales: madera tratada a presión, sellador preservador claro, clavos galvanizados 10d, clavos para larguero de $1\frac{1}{4}''$, ménsulas en ángulo para larguero, ménsulas de metal para largueros, pijas de $3/8'' \times 4''$ y arandelas de $1''$.

Cómo colgar los largueros de soporte

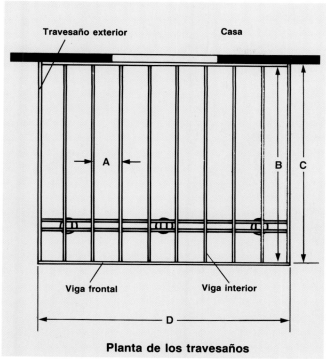

Planta de los travesaños

(labels on diagram: Travesaño exterior, Casa, A, B, C, Viga frontal, Viga interior, D)

1 Utilice el dibujo de planta (página 38) para ver la separación que debe haber entre las vigas soporte (A), lo mismo que la longitud de los tablones interiores (B), los tablones exteriores (C) y el tablón del frente (D). Mida y marque la madera para los tablones exteriores; utilice la escuadra de combinación como guía. Corte los tablones con una sierra circular. Ponga preservador sellador claro en los extremos de la madera cortada.

2 Perfore en cada extremo de los largueros exteriores tres barrenos piloto de $1/16''$ separados aproximadamente $3''$.

3 Sostenga el larguero exterior en posición con clavos 10d colocados en el extremo del larguero principal.

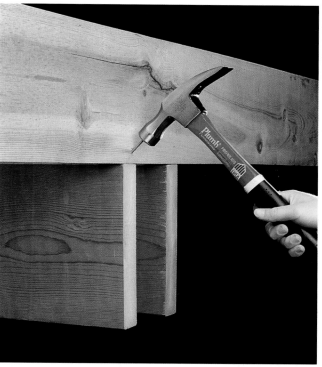

4 Fije los largueros exteriores arriba de las vigas de apoyo con clavos 10d.

(continúa en la siguiente página)

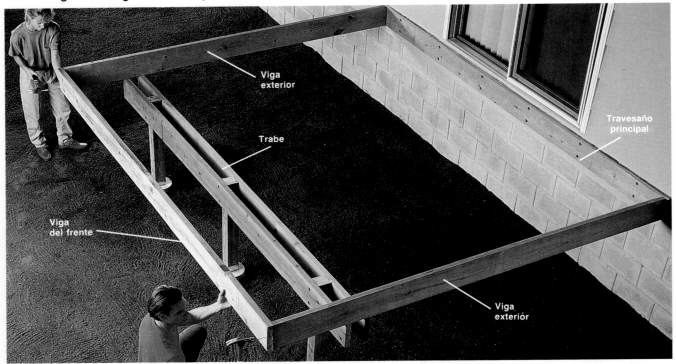

Viga exterior

Trabe

Travesaño principal

Viga del frente

Viga exteriór

5 Mida y corte el larguero del frente. Selle los extremos de la madera cortada con preservador sellador claro. Haga barrenos piloto de $1/16''$ en cada extremo del larguero del frente. Fije el larguero a los extremos de los largueros exteriores con clavos 10d.

6 Refuerce cada esquina interior del bastidor de la terraza con ménsulas en ángulo. Fije las ménsulas con clavos de $1 1/4''$.

Alternativa de construcción de terraza al ras de los postes: coloque los largueros exteriores contra el poste, al ras de las vigas. Taladre barrenos piloto de $1/4''$ de pulgada a través de los tablones y dentro del poste. Abocarde los barrenos piloto hasta $1/2''$ con una broca de punta y hoja de $1''$. Fije los largueros con pijas de $3/8'' \times 4''$ con sus arandelas. Corte los postes al ras con una sierra reciprocante o con un serrucho.

7 Mida a lo largo del larguero principal desde la orilla hasta las vigas exteriores y marque los puntos donde quedarán las vigas unidas al travesaño principal.

8 Marque el contorno de cada uno de los largueros de carga en el larguero principal; utilice una escuadra de combinación como guía.

9 Mida desde la trabe exterior a lo largo de la viga y marque donde se cruzan las trabes con la viga. Dibuje el contorno sobre los dos tablones de carga.

10 Mida desde la viga del frente y marque en la viga exterior el punto donde estarán unidas las vigas a la viga del frente. Trace las líneas en el lado interior del larguero del frente; utilice una escuadra de combinación como guía.

(continúa en la siguiente página)

11 Clave las ménsulas de soporte en el travesaño principal y en la viga del frente. Coloque cada ménsula de soporte de manera que una de las cejas quede contra la línea de trazo. Clave la ménsula a este miembro del bastidor con clavos de 1¹⁄₄″.

12 Utilice un pedazo de tablón como espaciador. Coloque este pedazo de tablón dentro de cada ménsula de soporte, después cierre la ménsula alrededor del tablón.

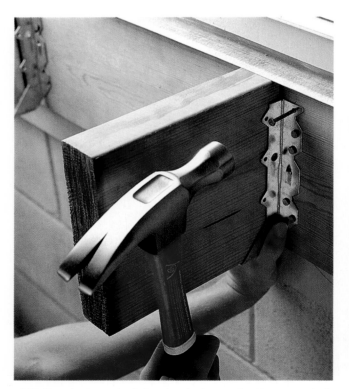

13 Clave la otra parte de la ménsula de soporte al larguero principal con clavos de 1¹⁄₄″. Quite el espaciador.

14 Mida y marque la madera para los largueros; utilice una escuadra de combinación como guía. Los tablones se cortan con una sierra circular.

15 Selle el extremo del tablón con preservador sellador claro. Coloque los tablones en las ménsulas de soporte con la comba hacia arriba.

16 Fije el tablón a la ménsula de soporte con clavos de 1¼″. Se clavan ambos lados de la ménsula de soporte.

17 Los tablones se alinean a lo largo de los trazos hechos arriba de las vigas de soporte y se fijan a las vigas de soporte con clavos galvanizados 10d, clavados al sesgo.

18 Fije los largueros al larguero frontal con las ménsulas de soporte unidas con clavos de 1¼″. Los clavos se colocan en ambos lados del tablón.

Colocación de la cubierta

Cómo colocar el entablado

Las tablas para la cubierta deben comprarse de la longitud suficiente para cubrir el ancho de la terraza siempre que sea posible. Si las tablas van a colocarse extremo con extremo, asegúrese de colocarlas escalonadas para que los extremos no se traslapen de hilera a hilera. Es conveniente prebarrenar los extremos de las tablas para evitar que los tornillos o los clavos rajen la madera.

La instalación de la cubierta debe de quedar con 1/8″ de separación entre cada tabla para que permita el drenaje. Las tablas se curvean naturalmente conforme pasa el tiempo (página 21). Por esta razón hay que colocarlas con la parte correspondiente a la corteza viendo hacia abajo, de manera que la superficie que se dobla no retenga el agua.

> **Todo lo que usted necesita:**
>
> Herramientas (página 30): cinta métrica, sierra circular, pistola para atornillar, martillo, taladro, broca de 1/8″, alzaprima, cordón marcador, sierra caladora o serrucho.
>
> Materiales: tablas para cubierta, tornillos resistentes a la corrosión, clavos galvanizados (8d, 10d), tablas de pino rojo o cedro.

1 Coloque la primera hilera de las tablas de la cubierta; estas tablas deben quedar al ras de la pared de la casa y estar perfectamente derechas; todas las tablas deben estar cortadas previamente a la longitud requerida. Estas primeras tablas se fijan con tornillos para terraza resistentes a la corrosión y que se colocan en cada uno de los largueros de carga.

2 Coloque todas las tablas de la cubierta de tal forma que los extremos sobresalgan de los largueros. Cada tabla debe quedar separada 1/8″ de la otra. Las tablas se fijan a cada tablón de carga con tornillos para terraza de 2 1/2″ colocados en los tablones de carga.

Método alterno: las tablas se colocan en posición y se fijan con clavos galvanizados 10d. Los clavos se ponen inclinados uno en relación al otro para aumentar la fuerza de sujeción.

(continúa en la siguiente página)

Cómo colocar el entablado (continuación)

3 Si las tablas están combadas, utilice una palanca para nivelarlas mientras las sujeta en su lugar.

4 Taladre unos barrenos piloto de 1/8″ en los extremos de las tablas antes de fijarlas a los tablones de carga. Los barrenos piloto evitan que los tornillos partan las tablas en los extremos.

5 Después de colocar varias hileras de tablas, se debe medir hasta la orilla del larguero del frente. Si las medidas indican que la última tabla no está alineada y al ras con la orilla de la terraza, ajuste el espacio entre las tablas.

6 El espacio entre las tablas se ajusta variando la separación entre las tablas cada tres o cuatro hileras. Los cambios en el espacio entre tablas no se aprecian a simple vista.

7 Marque una línea que quede al ras del larguero exterior de la terraza. Corte las tablas de la cubierta con una sierra circular. El disco de la sierra se ajusta $1/8''$ más que el grueso de las tablas de manera que la sierra no corte una parte de la terraza. En los lugares en donde no puede entrar la sierra circular, se corta con una sierra caladora o un serrucho.

8 Para darle una apariencia más atractiva a la terraza, los largueros exteriores se cubren con tabla de pino rojo o cedro. Los extremos se cortan en inglete y se fijan las tablas a la terraza con tornillos o con clavos galvanizados 8d.

Técnica alternativa para recubrimientos: las tablas de recubrimiento se pueden colocar de manera que las orillas del piso de la cubierta queden en voladizo.

Construcción de escaleras

La construcción de la escalera en una terraza requiere de cuatro cálculos.

Número de escalones, que dependen de la caída vertical de la cubierta. La caída vertical es la distancia que hay entre la superficie de la cubierta hasta el piso.

Altura. Depende del espacio vertical entre escalones. Los códigos de construcción requieren que la medida sea de 7 pulgadas.

Huella. Es el ancho de los escalones. Una manera fácil de construir las escaleras de la terraza es utilizar un par de tablas 2 × 6 para cada escalón.

Claro. Se calcula mediante la multiplicación de la huella por el número de escalones. El claro permite marcar el final de la escalera y colocar los postes de soporte.

Todo lo que usted necesita:

Herramientas (página 30): cinta métrica, lápiz, escuadra metálica, nivel, plomada, excavador para postes, carretilla, azadón, sierra circular, martillo, taladro, broca de $1/8''$, broca de punta y hoja de $1''$, llave de matraca, pistola para resanar.

Materiales: arena, cemento portland, grava, pernos J, anclas para postes de metal, madera de 2 × 12, listones de metal, pijas de $1/4'' \times 1^{1}/4''$, ménsulas en ángulo para los largueros, tornillos galvanizados de $1^{1}/4''$ para largueros, pijas de $3/8''$ por $4''$ y arandelas de $1''$, madera de 2 × 6, clavos 16d, resanador de silicón.

Otros materiales: polines de 2 × 4, estacas con punta, cinta para cubrir.

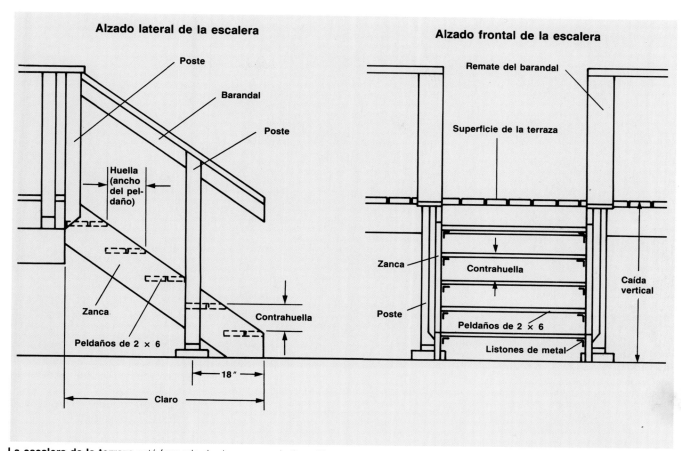

Alzado lateral de la escalera

- Poste
- Barandal
- Poste
- Huella (ancho del peldaño)
- Zanca
- Peldaños de 2 × 6
- Contrahuella
- 18″
- Claro

Alzado frontal de la escalera

- Remate del barandal
- Superficie de la terraza
- Zanca
- Contrahuella
- Poste
- Peldaños de 2 × 6
- Listones de metal
- Caída vertical

La escalera de la terraza está formada de dos zancas de 2 × 12 y una serie de peldaños soportados por listones de metal. Los postes se colocan a 18″ del extremo de la escalera para que sirvan de ancla a las zancas y al barandal. Los cálculos necesarios para construir la escalera incluyen el **número de escalones**, la **huella**, la **contrahuella** de cada escalón y el **claro** de la escalera.

Cómo determinar las medidas para trazar la escalera

Medidas de ejemplo
(Terraza de 39″ de alto)

1. Encontrar el número de escalones: Medir la caída vertical desde la superficie de la terraza hasta el piso. Dividir entre 7. Redondear al número entero más próximo.	Caída vertical:		39″
	÷ 7 =		5.57″
	Número de escalones: =		= 6
2. Determinar el contra escalón: Dividir la caída vertical entre el número de escalones.	Caída vertical:		39″
	Número de escalones: ÷		÷ 6
	Contra escalón: =		= 6.5″
3. Encontrar la medida de la huella: Los peldaños por lo regular se hacen de tablas de 2 × 6 con huella de 11¼ de pulgada. Si el diseño es diferente se encuentra la huella mediante la medida de el ancho de la huella, incluyendo cualquier espacio que se les requiera entre las tablas.			
	Huella:		11¼″
4. Determinar el claro de la escalera: Multiplique la huella por el número de peldaños. (El número de peldaños es siempre uno menos que el número de escalones.)	Huella:		11¼″
	Número de peldaños: ×		× 5
	Claro: =		= 56¼″

Cómo construir la escalera de la terraza

1 Utilice los dibujos de alzado de la escalera (página 83) para sacar las medidas de las zancas y de los postes de la escalera. Utilice un lápiz y una escuadra de metal para marcar el lugar donde van a colocarse las zancas en el larguero lateral de la terraza.

2 Determine el lugar en el cual se pondrá el poste de cimentación, que es a 18″ de donde termine la escalera. Coloque una regla de 2 × 4 sobre la terraza de manera que esté a nivel y a escuadra con el lado de la terraza. Utilice una plomada para marcar en el piso los centros de los postes de cimentación.

3 Perfore el suelo y vacíe los postes de concreto (páginas 58 a 61). Coloque las anclas de metal para los postes sobre los postes de concreto e instale postes de 4 × 4 (páginas 62 a 67).

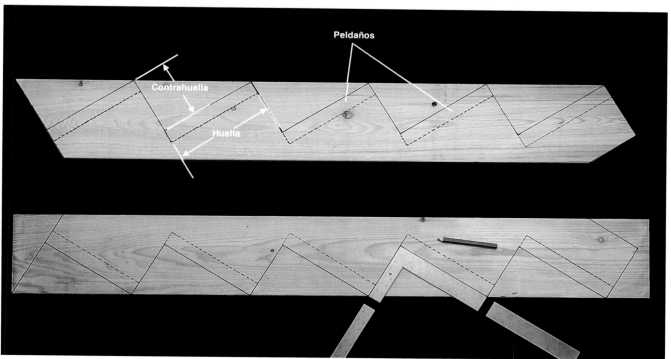

Peldaños

Contrahuella

Huella

4 Trace la colocación de los escalones en las zancas. Ponga dos pedazos de cinta adhesiva para marcar las medidas de la huella y la contrahuella en cada hoja de la escuadra de metal. Empiece en un extremo de la zanca, coloque la escuadra con las cintas al ras de la tabla y marque la huella y la contrahuella de cada escalón. Después marque la línea de la huella. Uitlice una sierra circular para cortar los extremos de las zancas como se muestra.

5 Coloque los listones de metal al ras con la línea inferior de cada huella; utilice pijas de $1/4'' \times 11/4''$. Taladre unos barrenos piloto de $1/8''$ para evitar que los tornillos partan la madera.

6 Coloque unas ménsulas en ángulo en los extremos de las zancas; utilice clavos de $11/4''$. Las ménsulas deben quedar al ras de los extremos cortados de las zancas.

(continúa en la siguiente página)

Cómo construir la escalera de la terraza (continuación)

7 Coloque las zancas de la escalera sobre el larguero exterior de la terraza por arriba de las líneas de las zancas. La parte superior de cada zanca se alinea al ras con la superficie de la terraza. Cada zanca se fija en la ménsula en ángulo con clavos de 1¹/₄".

8 Haga unos barrenos de ¹/₄" a través de cada zanca y que lleguen hasta el poste. Abocarde cada barreno hasta una profundidad de ¹/₂" con una broca de punta y hoja y 1". Fije las anclas a los postes con pijas de ³/₈" × 4" con sus respectivas arandelas. Utilice para esto la llave de matraca. Con recubrimiento de silicón se tapan las cabezas de las pijas.

9 Mida el ancho de los peldaños de la escalera. Corte dos tablas de 2 × 6 para cada peldaño; utilice la sierra circular.

10 Para cada escalón, coloque la tabla de 2 × 6 sobre el listón de metal de manera que las orillas queden al ras con la línea marcada en las zancas.

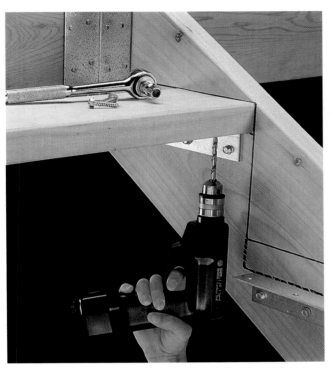

11 Haga unos barrenos piloto de ¹/₈″ y fije la tabla de 2 × 6 en los listones de metal con pijas de ¹/₄″ × 1¹/₄″.

12 Coloque la tabla de 2 × 6 que va atrás para formar el peldaño; deje un espacio pequeño entre las dos tablas. Utilice un clavo 16d como guía del espacio que debe quedar entre las dos tablas. Haga dos barrenos piloto de ¹/₈″ y fije las dos tablas de 2 × 6 a los listones de metal con pijas de ¹/₄″ × 1¹/₄″

Tipos de peldaños

Opción con herraje: se pueden colocar ménsulas de metal para escalones que se fijan en la cara superior de las zancas. Este método permite que los peldaños sobresalgan a los lados.

Zancas recortadas. En las casas especializadas se pueden encontrar zancas de madera tratada a presión ya cortadas. Las partes de la madera cortada se deben cubrir con sellador preservador para evitar que se pudran.

Instalación de barandales

Los barandales deben ser fuertes y quedar sujetos firmemente a los miembros del bastidor de la terraza. Nunca se colocan los postes del barandal en la superficie de la cubierta. Verifique los códigos de construcción locales para obtener guías en relación con la construcción de los barandales. La mayoría de los códigos requieren que los barandales queden por lo menos a 34 pulgadas por arriba del nivel de la cubierta. Los balaústres verticales necesitan quedar espaciados por lo menos a 6 pulgadas.

Todo lo que usted necesita:

Herramientas (página 30): cinta métrica, lápiz, caja para ingletes eléctrica, taladro, brocas de 1/4'' (1/8'' y 1/4''), broca de punta y hoja de 1'', escuadra de combinación, lezna, llave de matraca, pistola para resanar, nivel, sierra reciprocante o sierra circular, sierra caladora con hoja para cortar madera.

Materiales: madera para barandal (2 × 4, 2 × 6, 2 × 4, 2 × 2), preservador sellador claro, pijas de 3/8'' × 4'' y arandelas de 1'', resanador de silicón, tornillos resistentes a la corrosión de 2½'', clavos galvanizados 10d.

Cómo instalar un barandal

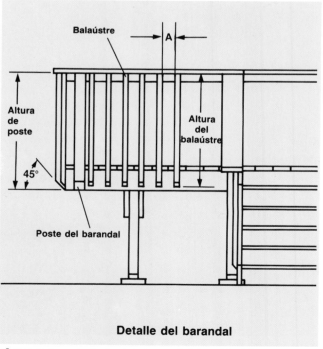

Detalle del barandal

1 Vea el plano de diseño de la terraza (páginas 38 a 39) para tomar la medida de la separación y longitud de los postes del barandal y los balaústres. Los postes deben quedar con una separación que no sea mayor de 6 pies..

2 Mida y corte postes de 4 × 4 con la caja para corte en ingletes o con la sierra circular. La parte superior de los postes debe cortarse a escuadra y el otro extremo a 45 grados. Selle los extremos cortados con preservador sellador claro.

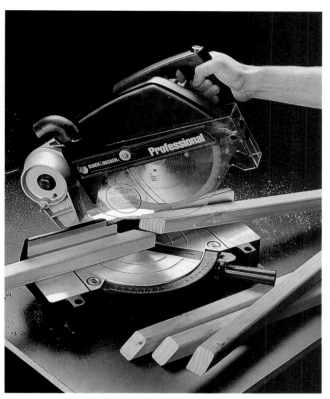

3 Mida y corte los balaústres de la terraza principal con una sierra circular o con la caja para corte de ingletes. El extremo superior debe quedar a escuadra y el otro extremo a 45 grados. Selle los extremos cortados con preservador sellador claro.

4 Haga dos barrenos piloto de 1/4″ en el extremo inferior de cada poste; estos barrenos deben quedar separados 4″. Abocarde cada barreno piloto a una profundidad de 1/2″; utilice para esta operación una broca de punta y una hoja de 1″.

5 Perfore dos barrenos piloto cerca del extremo inferior de cada balaústre; estos barrenos deben quedar separados 4″. Perfore dos barrenos piloto de 1/8″ en el extremo superior de cada balaústre; los barrenos deben quedar espaciados a 11/2″.

(continúa en la siguiente página)

Cómo instalar un barandal (continuación)

6 Mida y marque la colocación de los postes en la cara exterior del travesaño de la terraza; utilice una escuadra de combinación como guía. Se debe planear la instalación de un poste en cada orilla exterior de las zancas de la escalera.

7 Coloque cada poste con la parte achaflanada al ras de la cara inferior del tablón de soporte. Coloque el poste a plomo con un nivel. Introduzca un desarmador o un clavo en los barrenos piloto y marque los lados de la terraza.

8 Quite el poste y haga los barrenos piloto de 1/4″ en el larguero lateral de la terraza.

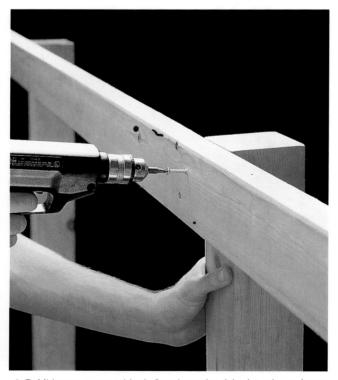

9 Sujete el poste del barandal al tablón lateral de la terraza con pijas de 3/8″ × 4″ con sus respectivas arandelas; utilice para esto la llave de matraca. Ponga sellador de silicón para tapar las cabezas de los tornillos.

10 Mida y corte una tabla de 2 × 4 para los rieles laterales; coloque en posición los rieles con la orilla al ras de los topes y sujete los rieles con tornillos resistentes a la corrosión de 2 1/2″.

11 Empalme los rieles de dos por cuatro mediante cortes a 45 grados. Haga barrenos pilotos de $1/16''$ para evitar que los clavos rajen la madera; sujete los rieles con clavos galvanizados 10d (los tornillos pueden rajar los extremos cortados a inglete).

12 Sujete los extremos de los rieles a los postes de la escalera, para que queden al ras de los postes como se muestra. Haga unos barrenos piloto de $1/8''$ y una los rieles con tornillos de $2^{1}/2''$.

13 Al llegar a la escalera, mida desde la superficie del piso hasta la orilla superior del poste de la escalera (A).

14 Transfiera esta medida al poste inferior de la escalera; se debe medir desde la orilla de la zanca de la escalera.

(continúa en la siguiente página)

15 Coloque el riel de 2 × 4 la cara interna de los postes de la escalera. Coloque el riel alineado con la esquina superior trasera del poste superior y con lápiz marque el poste inferior. Pida a su ayudante que sujete el riel en forma provisional con tornillos de 2¹/₂″.

16 Marque el contorno del poste y del riel en el lado interior del riel de la escalera.

17 Marque la orilla del riel de la escalera en el poste inferior.

18 Utilice un nivel para marcar una línea a plomo en el extremo del riel de la escalera. Quite el riel de los postes.

19 Prolongue las líneas a lo ancho de los postes de la escalera; utilice una escuadra de combinación como guía.

20 Corte el poste inferior de la escalera en diagonal con una segueta reciprocante o una sierra circular.

21 Utilice una sierra caladora para cortar el riel de la escalera por donde están marcadas las líneas.

22 Coloque el riel al ras de la orilla superior de los postes. Haga unos barrenos de $1/8''$ y sujete el riel a los postes con tornillos de $2^1/2''$ pulgadas.

(continúa en la siguiente página)

23 Utilice un bloque como espaciador para que los balaústres queden equidistantes. Empiece junto a uno de los postes puestos a plomo; coloque cada balaústre presionando contra el espaciador y con la parte superior del mismo al ras del riel superior. Sujete cada balaústre con tornillos de 2¹/₂ pulgadas.

24 En las escaleras, coloque cada balaústre contra cada zanca y el riel de la escalera y ajústelo con una plomada. Trace una línea diagonal en la parte superior del balaústre utilizando el riel de la escalera como guía. Cada balaústre debe cortarse en la línea marcada; utilice la caja para cortes en inglete. Selle con preservador claro los extremos cortados.

25 Empiece junto al poste superior de la escalera; coloque cada balaústre presionando con fuerza entre el espaciador de madera y al ras del riel superior. Sujete cada balaústre con tornillos de 2¹/₂ pulgadas.

26 El remate del barandal de la escalera se hace con madera de 2 × 6 y debe quedar al ras del riel interior. Perfore barrenos pilotos de ¹/₈″ y sujete el remate al riel con tornillos de 2¹/₂″ colocados cada 12 pulgadas. También ponga tornillos en cada poste y cada tercer balaústre. Si se trata de remates largos, cada extremo debe cortarse en inglete a 45 grados. Haga taladros piloto de ¹/₁₆″ para sujetar los remates a los postes con clavos 10d.

27 En las esquinas, los extremos se cortan en inglete a 45 grados. Haga unos taladros piloto de $1/8''$ y sujete los remates a los postes con tornillos de $2^1/2$ pulgadas.

28 En la parte superior de la escalera, corte el remate que quede al ras del riel de la escalera. Haga unos barrenos piloto de $1/8''$ y sujete el remate con tornillos de $2^1/2$ pulgadas.

29 Mida y corte el remate del riel de la escalera. Marque el perfil del poste en el lado del remate y corte en inglete los extremos del remate.

30 Coloque en posición el remate sobre el riel de la escalera y los balaústres de manera que la orilla del remate quede al ras de la orilla interior del riel. Haga unos barrenos piloto de $1/8''$ y sujete el remate al riel con tornillos de $2^1/2$ pulgadas colocados cada 12 pulgadas. También ponga tornillos a través del remate que entren hasta los postes y en cada tercer balaústre.

Fotografía de California Redwood Association

Terraza de plataforma

La terraza de plataforma se construye cerca del suelo por lo que es ideal para un patio plano y nivelado, cuando la altura del piso interior está muy cerca de la superficie del patio.

Debido a que está cerca del suelo, la terraza de plataforma no requiere barandal ni escalera. Tiene un aire de espacio abierto que la hace un lugar ideal para tomar el sol o para realizar reuniones.

La terraza de plataforma que se muestra a la izquierda añade interés visual con el segundo nivel y la plataforma de pino rojo puesta en diagonal. Esta plataforma es una mezcla de madera tierna y madera dura resistente a la pudrición. Siempre hay que tratar la madera tierna con sellador preservador de color claro.

Las orillas de la plataforma tienen al frente tablas de pino rojo. El pino rojo que entra en contacto con la tierra o con el pasto debe estar tratado con preservador y sellador claro antes de que sea instalado.

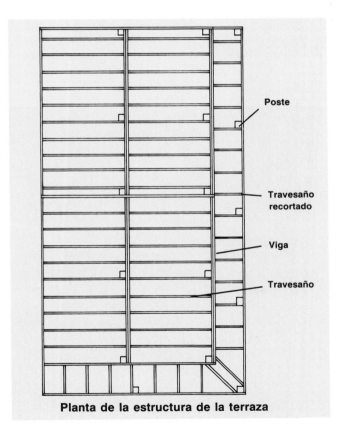

Poste

Travesaño recortado

Viga

Travesaño

Planta de la estructura de la terraza

Terraza de plataforma baja. Esta forma de plataforma utiliza largueros de 2 × 6 y vigas en las esquinas, lo que requiere que los postes tengan menos separación para que se obtenga soporte extra. Los tablones para la parte interior de la plataforma quedan espaciados a 12 pulgadas de centro a centro para que puedan soportar los claros más largos del patrón diagonal de la plataforma de la terraza. Los tablones cortos (llamados también travesaños recortados) se colocan alrededor del perímetro de la terraza para soportar las tablas del piso que quedan a la orilla.

Cómo construir una terraza de plataforma

1 Coloque dos travesaños de 2 × 6 sobre la pared de la casa con pijas de $^3/_8$″ × 4″ (páginas 46 a 51). Vacíe los postes de concreto e instale postes de madera tratada a presión de 4 × 4 (páginas 58 a 67). Marque los postes para señalar la parte superior de las vigas.

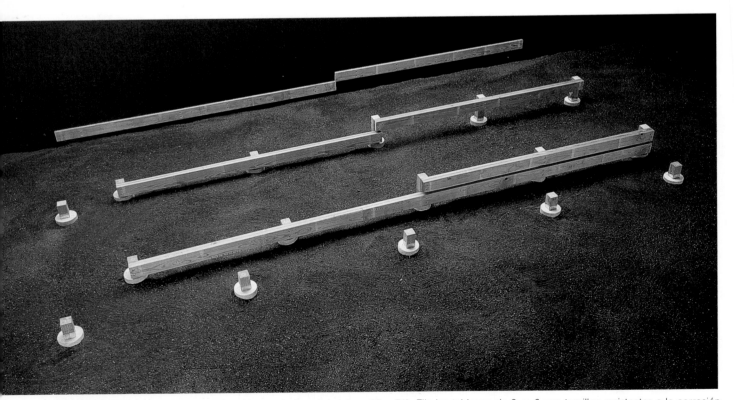

2 Construya cada viga de un par de tablones de 2 × 6 (páginas 68 a 71). Fije los tablones de 2 × 6 con tornillos resistentes a la corrosión de 2$^1/_2$ pulgadas colocados cada 18 pulgadas. Haga unos barrenos abocardados y junte las vigas a los postes con pijas de $^3/_8$″ × 5″. Corte todos los postes al ras de la cara superior de la viga.

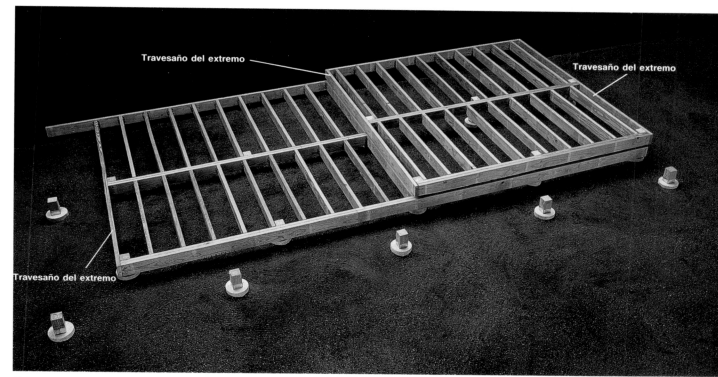

3 Soporte los tablones de la madera tratada a presión (página 72 a 77). Coloque los tablones interiores separados 12 pulgadas de centro a centro. Instale los largueros con ménsulas de soporte galvanizadas y con clavos. Sujete los extremos de los tablones a los postes con tornillos de 2¹/₂ pulgadas; no deben atornillarse a las vigas. La veta de la madera en los extremos tiene muy poca fuerza de sujeción.

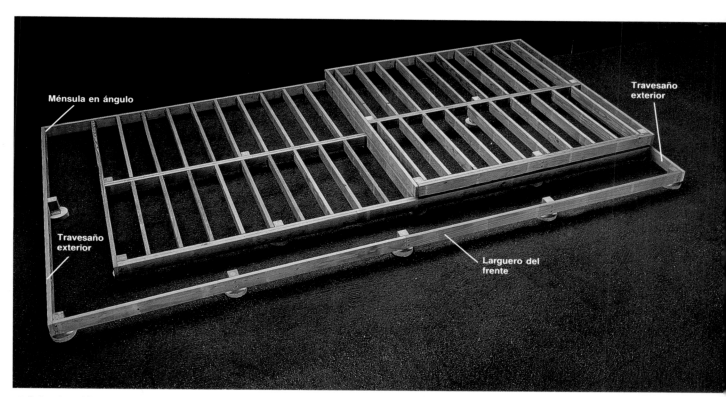

4 Sujete los tablones exteriores de 2 × 6 con pijas de ³/₈″ × 3'' (página 73 a 74). Haga barrenos piloto abocardados de manera que se puedan instalar las tablas de acabado. Refuerce las esquinas interiores de los tablones exteriores con ménsulas en ángulo. Corte todos los postes al ras de la orilla superior del larguero frontal y de los largueros laterales.

(continúa en la siguiente página)

Cómo construir una terraza de plataforma (continuación)

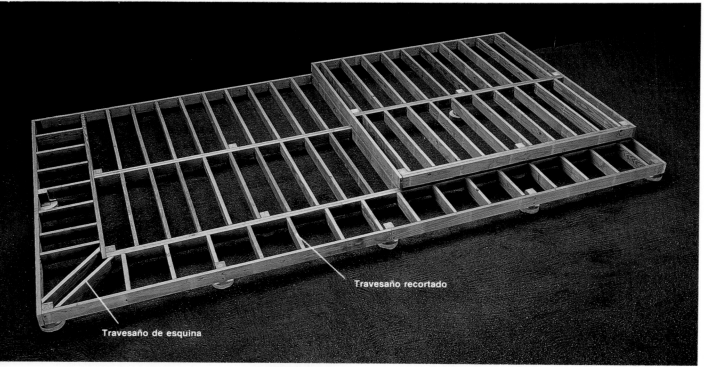

Travesaño recortado

Travesaño de esquina

5 Coloque los tablones cortos a 16 pulgadas de centro a centro. Coloque estos tablones con ménsulas de soporte galvanizadas y con clavos también galvanizados. Corte los extremos de los tablones de la esquina a 45 grados. Instale también tablones con ménsulas de soporte en ángulo.

6 Coloque el piso de la terraza en diagonal (páginas 78 a 81). Las tablas del piso que van a quedar contra la pared de la casa deben cortarse plenamente en inglete a 45 grados. Marque una línea a lo largo de las tablas del piso en la terraza para cortarlas al ras de la orilla de las vigas y de los largueros de los extremos. Corte las tablas con una sierra circular cuya hoja esté ajustada a la misma medida que tenga el grueso de la tabla de la cubierta.

Patrón de espina de pescado

7 Instale la orilla del piso de madera de la terraza. Empiece con la tabla que queda contra el patrón diagonal y continue hacía la orilla exterior de la terraza. Ajuste el espacio entre las tablas de la cubierta de manera que la última tabla quede exactamente al ras de la orilla del larguero frontal o de los largueros exteriores (página 80). Traslape los extremos de las tablas en las esquinas para que se forme el patrón de espina de pescado, como se muestra.

Tablas de acabado

8 Instale las tablas de revestimiento (página 81). La orilla superior de la tabla de revestimiento debe quedar al ras del piso de la terraza. Para tener una mejor apariencia, se utiliza madera de primera para el revestimiento. Los extremos se cortan a inglete de 45 grados y se sujetan con tornillos resistentes a la corrosión de 2¹/₂ pulgadas; estos tornillos se ponen cada 18 pulgadas.

Terraza con entablado en forma de diamante

Se le puede dar una vista distinta a la terraza si se utiliza un dibujo que no sea muy común. La apariencia visual de la plataforma se puede mejorar con un patrón de entablado con figura de diamante, como el que se muestra a la izquierda.

Se requiere instalar largueros dobles o una fila de entramado doble para tener fuerza y estabilidad extra donde terminan las tablas de la cubierta. Los largueros quedan espaciados a 12 pulgadas de centro a centro para que puedan soportar la cubierta en diagonal.

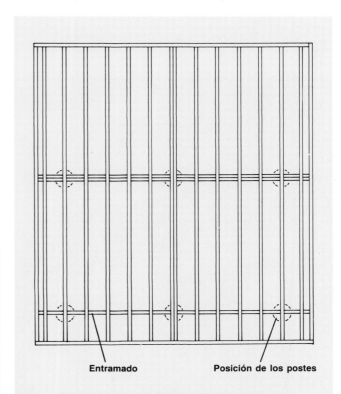

Entramado   **Posición de los postes**

Planta de la estructura de la terraza

Terraza con piso en forma de diamante. Este tipo de terraza tiene entramado doble para contar con una mayor superficie en donde sujetar los extremos de las tablas de la cubierta. La separación de los largueros para el piso en forma de diamante es de 12 pulgadas de centro a centro.

105

Cómo construir una terraza con entablado de diamante

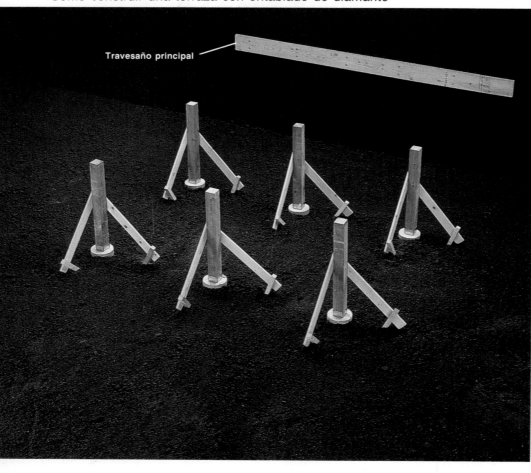

Travesaño principal

1 Instale largueros de madera tratada a presión (páginas 46 a 51).

Vacíe los postes de cimentación de concreto e instale postes de madera a presión de 4 × 4 (páginas 58 a 67). Selle los extremos de la madera cortada con sellador preservador.

Coloque riostras en todos los postes que tengan más de 2 pies de largo (páginas 65 a 66).

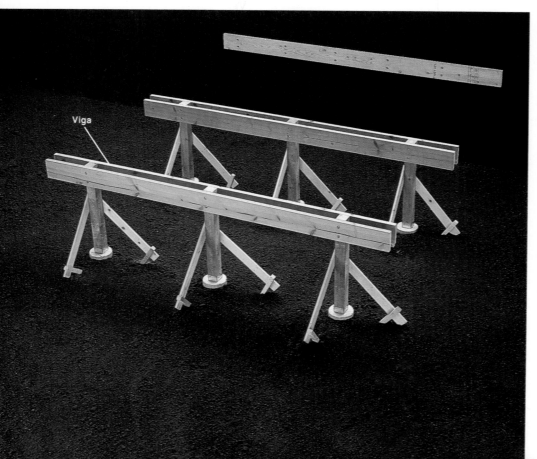

Viga

2 Construya cada viga para la plataforma de madera tratada a presión (páginas 68 a 71). Coloque en su lugar las tablas contra la fila de postes y haga un par de barrenos piloto de 1/4 de pulgada que pasen las tablas y lleguen a cada poste. Sujete las vigas a los postes con pijas galvanizadas de 3/8″ × 4″ con sus respectivas arandelas.

Corte la parte superior de los postes para que queden al ras con la orilla de las vigas; utilice una segueta reciprocante o un serrucho.

3 Corte el larguero del frente y los largueros laterales de madera tratada a presión.

Sujete los largueros exteriores al larguero principal y la parte superior de las vigas con clavos galvanizados 10d.

Sujete el larguero del frente a los extremos de los largueros laterales con tornillos 10d; después refuerce las esquinas interiores con ménsulas en ángulo (página 74).

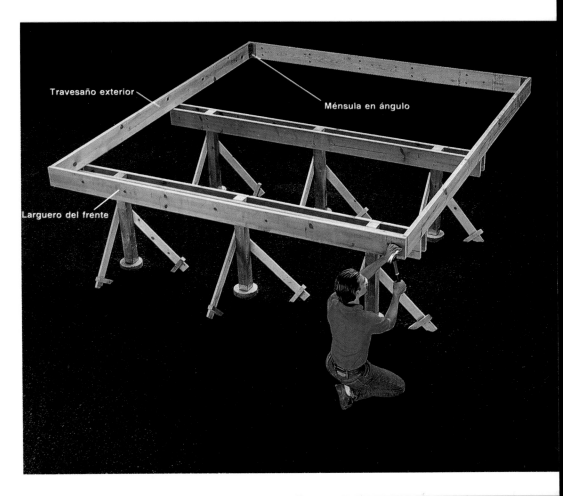

4 Coloque en las ménsulas de soporte los travesaños (página 72 a 77).

Sujete los travesaños al larguero principal y al larguero del frente con ménsulas de soporte galvanizadas.

Instale travesaños dobles en el centro del bastidor para que tenga soporte extra donde quedan los extremos de las tablas del empalmado.

Clave todos los travesaños a la parte superior de las vigas con clavos galvanizados 10d. Selle la separación que queda entre los travesaños dobles con recubrimiento de silicón.

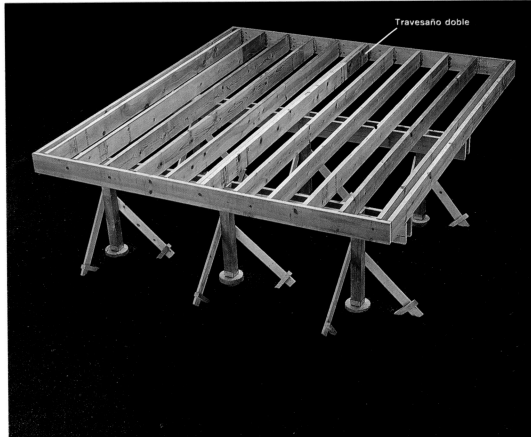

(continúa en la siguiente página)

Cómo construir una terraza con entablado de diamante (continuación)

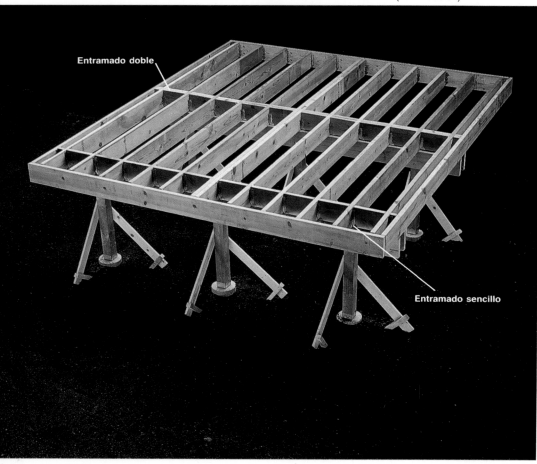

Entramado doble

Entramado sencillo

5 Instale una fila de travesaños cortos dobles entre cada par de largueros en el centro del patrón en forma de diamante; utilice ménsulas de soporte galvanizadas.

Instale una fila de travesaños cortos en cada extremo de los largueros del entarimado en forma de diamante; utilice ménsulas de soporte galvanizadas. Los travesaños cortos sirven de soporte en los lugares donde los extremos de los cortes en diagonal de las tablas del piso forman una línea continua.

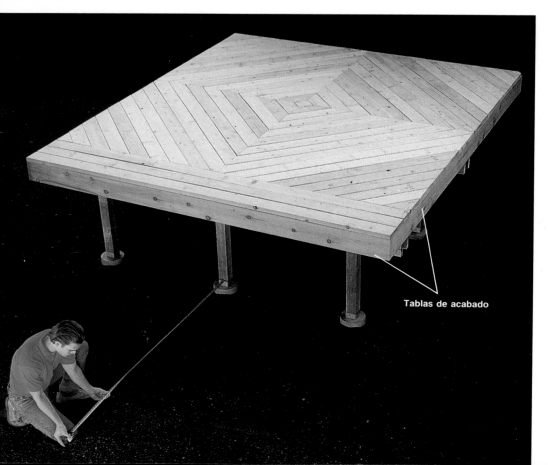

Tablas de acabado

6 El acabado del larguero del frente y de los largueros laterales se hace con tablas de alta calidad (página 81). Las esquinas se cortan en inglete a 45 grados, las tablas se fijan con clavos galvanizados 8d.

Coloque tablas de pino rojo de 2 × 6 (página 78 a 81) para formar el entarimado. Utilice una escuadra de combinación para marcar los extremos de las tablas en ángulo y que los cortes queden a 45 grados; utilice una sierra circular o una caja para corte de ingletes eléctrica.

Coloque la escalera (páginas 82 a 83).

7 Vacíe los postes de concreto e instale las anclas para los postes, así como los postes de 4 × 4.

Construya la escalera (páginas 82 a 87). Las dos zancas de 2 × 10 se fijan al larguero lateral de la terraza con pijas de $3/8''$ × 4″ colocadas a través del larguero del frente y se sujetan a los postes de la escalera con pijas de $3/8''$ × 4″.

Los peldaños de la escalera se sujetan a las zancas con listones de metal y pijas.

8 Construya los barandales de postes y balaústres de la terraza y de la escalera (páginas 88 a 95).

Sujete los postes de 4 × 4 a la terraza con pijas de $3/8''$ × 6″. Los rieles horizontales de madera de 2 × 4, los remates de los rieles y los balaústres de 2 × 2 se fijan con tornillos resistentes a la corrosión de $2^1/2$ pulgadas. Para que los postes tengan un aspecto más decorativo se colocan de manera que sobresalgan hacia abajo de las tablas frontales de acabado.

Terraza con plataforma de isla

La construcción de una terraza con plataforma de isla crea un lugar para sentarse o para comer en cualquier parte del patio. Como la terraza no está pegada a la casa, se puede construir aprovechando las ventajas de los patrones de sombra de la tarde o de la vista escénica.

Se aumenta el interés visual si se construye la plataforma en forma octagonal. Una plataforma corta, o ''pasillo'', permite el acceso a la terraza desde tres direcciones. La plataforma de isla puede tener corredores de ladrillo o de piedra suelta que vayan hasta la casa.

Una planeación cuidadosa es la que normalmente se requiere para construir terrazas de formas no usuales, como un octágono. Los ocho lados y las ocho partes que conforman la terraza que se muestra a la derecha requieren de ocho postes y cuatro vigas para tener una estabilidad completa.

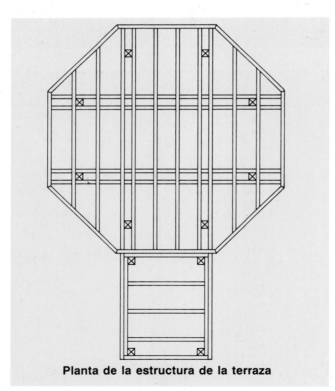

Planta de la estructura de la terraza

Terraza de isla. Este modelo de terraza tiene 4 vigas y 8 postes para tener el sistema de soporte que requiere la forma octagonal. Los tablones van en ángulo recto con el entablado. Los tablones exteriores se cortan en inglete a 22¹/₂° si se trata de construir una terraza de forma octagonal. El pasillo se hace utilizando la construcción al ras de los postes.

Fotografía de Lea Babcock

Cómo construir una terraza de isla

1 Vacíe 4 postes de cimentación e instale postes de madera tratada de 4 × 4 (páginas 58 a 67).

Planee la colocación de la terraza de manera que haya 8 postes para la terraza principal y 4 postes más para el pasillo.

La parte principal de la terraza se construye en voladizo. Debido a que el pasillo queda cerca del piso, se utiliza la construcción al ras de los postes para esta parte de la terraza.

Los postes que tengan más de 2 pies de alto deben colocarse a plomo con la ayuda de riostras.

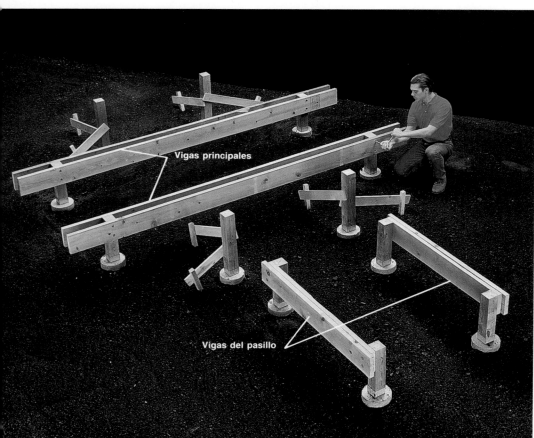

Vigas principales

Vigas del pasillo

2 Construya las vigas principales de tablones de madera tratada a presión (páginas 68 a 71).

Las dos vigas principales de la terraza octagonal van en la misma dirección como si se tratara de tablas para el entarimado. Construya las vigas para el pasillo utilizando las formas de construcción al ras de los postes.

Fije las vigas a los postes con pijas galvanizadas y sus correspondientes arandelas.

Corte los postes al ras de la parte superior de las vigas. Selle los extremos cortados con preservador sellador claro.

3 Instale dos vigas más de 2 × 8 sobre las vigas principales.

Estas vigas deben quedar al mismo nivel de los tablones. Debido a que están fijas directamente sobre los postes, estas vigas funcionan como vigas estructurales.

Corte los postes al ras de la orilla superior de las·vigas y selle los extremos cortados con sellador preservador claro.

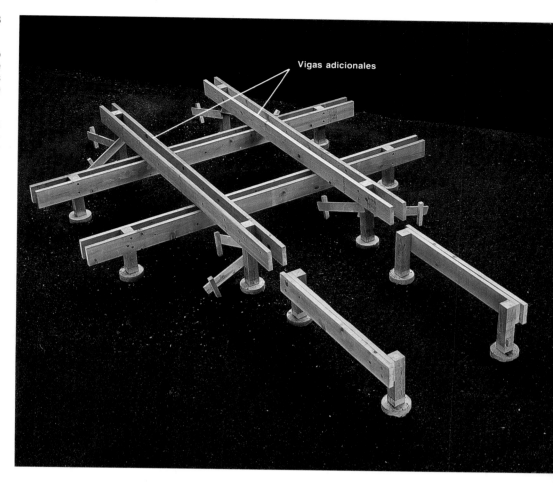

Vigas adicionales

4 Fije todos los largueros exteriores (página 74). Los extremos de los largueros exteriores deben cortarse a 22¹/₂° para formarse la terraza octagonal.

Los largueros exteriores se sujetan a las vigas adicionales con ménsulas de soporte galvanizadas.

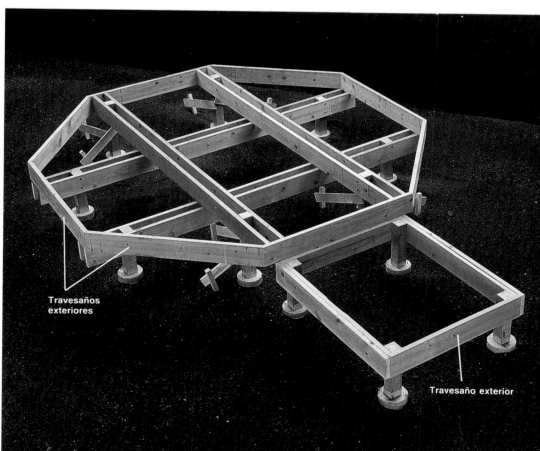

Travesaños exteriores

Travesaño exterior

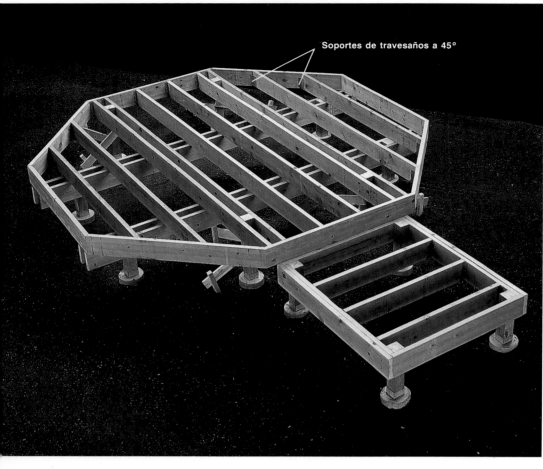

Soportes de travesaños a 45°

5 Coloque los travesaños interiores de madera tratada a presión (página 75 a 77).

Los travesaños paralelos a las vigas adicionales se instalan en ménsulas de soporte galvanizadas.

Los travesaños se instalan en los largueros exteriores en ángulo con ménsulas de soporte de 45 grados.

Quite las riostras de los postes.

6 Coloque todas las tablas del entarimado con tornillos resistentes a la corrosión de 2$^1/_2$ pulgadas (páginas 78 a 81). Los extremos de las tablas del entarimado deben sobresalir de los largueros exteriores.

Marque una línea para tener una guía de la línea de corte de la cubierta y que queden las orillas al ras de los largueros exteriores.

Para cortar el entarimado se utiliza una sierra circular que tenga el disco ajustado a una profundidad igual al grueso de las tablas.

7 Termine la orilla de la terraza con madera de alta calidad para mejorar su apariencia.

Construya la escalera para la terraza (páginas 82 a 87). Si la escalera tiene tres escalones o menos, no requiere barandal. Consulte los códigos de construcción locales.

Tablas de acabado

Tablas de acabado

8 Instale el barandal de postes y balaústres (páginas 88 a 95). Para soportar el pasamanos de la terraza octagonal, utilice vigas de 2 × 4 en las esquinas en lugar de vigas de 4 × 4. Para los balaústres utilice madera de 2 × 2.

Instale la madera de 2 × 4 en la orilla con pijas galvanizadas de ³/8″ × 5″. La separación entre la madera de 2 × 4 debe ser la misma que la que tengan los balaústres de 2 × 2.

2 × 4

2 × 2

2 × 4

Acabado y reparación de la terraza

Trabajo de acabado de una nueva terraza

Se le da un acabado a la terraza con un preservador y sellador claro o con un sellador entintado. Los preservadores selladores protegen la madera del agua y de la pudrición y se usan por lo regular con cedro o con el pino rojo porque conservan el color original de la madera. Si se prefiere que la madera tenga una vista de madera expuesta mucho tiempo a la intemperie se debe de esperar algunos meses antes de aplicar el preservador sellador.

Los selladores se entintan, y se llaman también tonos; se aplican a la madera tratada a presión para darle la apariencia de pino rojo o cedro. Los selladores entintantos se consiguen en una gran variedad de colores.

Para una mejor protección se deben utilizar productos para acabado que tengan una base alquida. Cada año se debe aplicar nuevamente el acabado.

Todo lo que usted necesita:

Herramientas: lijadora orbital, papel de lija, aspiradora de taller, aspersor de presión, anteojos protectores, brocha.

Materiales: preservador sellador claro o sellador entintado.

Utilice una lijadora orbital para terminar las áreas ásperas antes de aplicar el acabado a las tablas del entarimado, a los barandales o a los peldaños de la escalera.

Cómo dar el acabado a una terraza de pino rojo o de cedro

1 Haga una prueba en la superficie de la madera vaciándole agua; si la madera absorbe el agua rápidamente está lista para que se le aplique el sellador; si no absorbe el agua, déjela que se seque por varias semanas antes de aplicarlo.

2 Lije las áreas ásperas y aspire la plataforma. Aplique sellador claro en toda la superficie de madera; utilice un aspersor a presión. De ser posible aplique el sellador por abajo del entarimado y de los tablones, vigas y postes.

3 Utilice una brocha para aplicar el sellador en las rendijas y en áreas estrechas que pueden atrapar agua.

Cómo dar el acabado a una terraza de madera tratada a presión

1 Lije las áreas ásperas y con una aspiradora limpie la terraza. Aplique un sellador con tinte en toda la madera de la terraza; utilice un aspersor a presión.

2 Con una brocha, extienda las gotas y el sellador que se corra. Las maderas porosas requieren de una segunda mano del sellador y entintado para que el recubrimiento sea parejo.

Consejos para dar mantenimiento a una terraza vieja

Utilice una lezna o un desarmador para encontrar las partes de la terraza que tengan la madera blanda o podrida. Cambie o refuerce la madera dañada (páginas 122 a 125).

Inspeccione con regularidad las áreas escondidas. Busque puntos en donde la madera esté podrida o dañada. Se debe aplicar una capa de recubrimiento cada año.

Mantenimiento de la terraza

La terraza se inspecciona una vez al año. Todo el herraje que esté suelto o que se encuentre oxidado debe cambiarse, así como aplicar un acabado fresco para evitar el daño por agua.

Se revisan con todo cuidado las áreas que muestren signos de daño. La madera dañada debe reforzarse o cambiarse tan pronto como sea posible (página 122 a 125).

Para devolver el color original de la madera a una plataforma vieja y expuesta a la intemperie, se utiliza una solución abrillantadora para plataformas. Los abrillantadores se consiguen en cualquier tienda especializada en productos para hacer mejoras en el hogar.

Todo lo que usted necesita:

Herramientas: lámpara de pilas, lezna o desarmador, pistola para atornillar, espátula, cepillo de raíz, guantes de hule, anteojos protectores, aspersor de presión.

Materiales: tornillos resistentes a la corrosión de 2½'', abrillantador para cubiertas.

Cómo renovar una terraza

1 Haga una mezcla de la solución abrillantadora como lo indica el fabricante. Aplique la solución con un aspersor de presión. Deje que la solución se seque por 10 minutos.

Quite la basura acumulada entre las rendijas de las tablas de la cubierta; utilice para este trabajo una espátula. La basura atrapa la humedad y puede causar la pudrición de la madera.

Ponga clavos y tornillos nuevos en las tablas que estén sueltas para que queden bien fijas a los largueros. Si coloca los clavos o tornillos en las perforaciones anteriores, el largo de éstos debe ser mayor de los originales.

2 Con un cepillo de raíz limpie la terraza completamente. Utilice guantes y anteojos de protección cuando haga este trabajo.

3 Enjuague la terraza con agua limpia. De ser necesario aplique una segunda capa de abrillantador en las partes que estén muy sucias o manchadas. Enjuague y deje secar. Aplique una mano de sellador o de tinte (páginas 118 a 119).

Reparación de terrazas

La madera dañada debe reforzarse o cambiarse tan pronto como sea posible. La madera podrida puede extenderse y debilitar la madera sólida.

Después de cambiar o reforzar la madera podrida, se limpia toda la plataforma y se aplica una mano fresca de sellador preservador o de un sellador entintado. Cada año se debe aplicar una mano de acabado para evitar daño futuro por el agua.

Todo lo que usted necesita:

Herramientas: pata de cabra o alzaprima plana, pistola para atornillar, lezna o desarmador, martillo, cincel, anteojos protectores, aspersor de presión, sierra circular, cepillo de raíz, brocha, gato hidráulico, taladro o taladro percutor, broca para mampostería de $5/8''$, nivel, llave de matraca.

Materiales: preservador sellador o sellador entintado, clavos galvanizados (6d, 10d), madera para plataforma, polvo para hornear, tornillos resistentes a la corrosión, anclas para pared de $5/8''$, pijas de $3/8''$.

Otros materiales: guantes de hule, una cubeta, un bloque de concreto, madera terciada de desperdicio.

1 Saque los clavos y tornillos de las tablas dañadas; este trabajo se realiza con una pata de cabra o con un desarmador eléctrico. Quite las tablas dañadas.

4 Aplique una capa gruesa de preservador sellador en los largueros dañados. Deje secar y aplique una segunda capa de sellador. Corte un larguero de refuerzo (larguero gemelo) de madera tratada a presión.

5 Trate todos los lados del larguero gemelo con preservador sellador claro y déjelo secar. Coloque en su lugar el larguero gemelo y clávelo en el tablero dañado; utilice clavos 10d colocados cada 2 pies.

2 Inspeccione los largueros inferiores para determinar si la madera está podrida. Los largueros que tengan áreas suaves y descoloridas deben repararse y reforzarse.

3 Con martillo y cincel quite las partes del larguero que estén podridas.

6 Fije el larguero gemelo en el larguero principal y el larguero del frente; los clavos 10d deben colocarse sesgados. Corte las tablas para la cubierta de madera del mismo tipo; utilice una sierra circular.

7 Si la madera de la terraza está gris, las tablas nuevas se pueden "avejentar" si se tallan con una solución de una tasa de polvo para hornear y un galón de agua caliente. Enjuague y deje secar.

(continúa en la siguiente página)

Cómo reparar el entablado y los largueros (continuación)

8 Aplique una capa de preservador sellador o de tinte sellador en todos los lados de las tablas nuevas para la cubierta.

9 Coloque las tablas nuevas del entarimado y fíjelas a los largeros con tornillos galvanizados o con clavos. La separación entre cada tabla debe quedar igual que la separación que tengan las tablas del entarimado.

Cómo cambiar un poste en una terraza

1 Construya un soporte con madera terciada de desperdicio o un bloque de concreto, y un gato hidráulico. Coloque una capa de madera terciada de 1 1/2 pulgadas entre la cabeza del gato y la viga. Aplique la presión justa para que se eleve la viga ligeramente.

Calza para ancla

2 Quite los clavos o los tornillos que sostienen el poste dañado en el ancla y en la viga. Retire el poste dañado y la zapata del ancla que está en el poste de concreto.

3 Taladre un barreno en la mitad del poste de concreto; utilice un percutor y una broca para mampostería de $5/8$''. Inserte un taquete de $5/8$'' para mampostería en la perforación.

4 Coloque en posición las anclas para poste galvanizadas en el poste de cimentación; fije el ancla galvanizada con una pija de $3/8$'' con su respectiva arandela para que quede fija en el taquete y en el ancla galvanizada; apriete el tornillo con una llave de matraca.

5 Corte un nuevo poste de madera tratada a presión y cubra los extremos con preservador sellador. Coloque el poste y asegúrese de que esté a plomo.

6 Fije el extremo interior del poste en el ancla con tornillos galvanizados 6d. El poste se fija a la viga colocando nuevamente las pijas con una llave de matraca. Baje el gato y quite el soporte.

Índice